Perspektiven

Wilfried Grunau

Perspektiven

Die gesammelten Editorials
1994 – 2017

Editorial [ɛdɪˈtɔːriəl], *das*, 1) Vorwort oder 2) der Leitartikel an bevorzugter Stelle einer Zeitung oder Zeitschrift zu wichtigen aktuellen Themen.

Die Deutsche Nationalbibliothek verzeichnet diese
Publikation in der Deutschen Nationalbibliografie;
detaillierte bibliografische Daten sind im Internet über
http://dnb.dnb.de abrufbar.

Herstellung und Verlag:
BoD – Books on Demand, Norderstedt

ISBN: 978-3-7448-6391-9

Inhalt

Prolog

Grußworte, Editorials und Leitartikel zu schreiben, gehört zu den Aufgaben, denen man sich als Präsident eines Berufsverbandes immer wieder stellen muss. Was im ersten Moment für einige Menschen vielleicht eher unangenehm klingt, hat sich zu einem ganz hervorragenden Instrument des „Politik machen" entpuppt: Wo, wenn nicht an dieser Stelle kann man seine berufspolitischen Prämissen und Strategien besser aufzeigen? Ich habe sehr schnell gelernt, dass ich diese exponierte Stelle sehr gut nutzen kann, um zu wichtigen berufspolitischen, wirtschaftlichen oder gesellschaftlichen Ereignissen dezidiert Position zu beziehen, Stellung zu nehmen oder auch Visionen aufzuzeigen. Abseits von tagesaktueller Aufgeregtheit kann man sich in Editorials bzw. Leitartikeln zudem auf eine sehr grundsätzliche Art mit gesellschaftlichen, politischen, wirtschaftlichen oder auch kulturellen Entwicklungen auseinandersetzen.

Die Möglichkeit, auf den ersten Seiten von vielgelesenen und vielbeachteten Zeitschriften für unseren Berufsstand wegweisende Themenkomplexe zu aufzugreifen sowie Leitlinien und wichtige Wegmarken aufzuzeigen habe ich daher im Laufe der Jahre immer mehr schätzen und nutzen gelernt.

Und was im einzelnen Artikel mangels Platz nicht immer vollständig aufgearbeitet werden kann, ist in der Gesamtschau aller Editorials und Leitartikel hingegen sehr deutlich zu erkennen: Die Implementierung neuester Technologien in unser tägliches berufliches Wirken ist für den Fortbestand unseres Berufsstandes absolut notwendig, kann und darf aber nicht solitär betrachtet werden, sondern muss immer auch im Kontext der gesellschaftlichen Verantwortung gesehen werden.

In der vorliegenden Anthologie meiner Editorials und Leitartikel werden Perspektiven und Entwicklungschancen beleuchtet und dies natürlich nicht retrospektiv, sondern immer auch prospektiv. Jeweils kurze Intros zu den Beiträgen erlauben die jeweilige Einordnung in den zeitlichen Zusammenhang.

Das Buch soll und kann natürlich nicht DIE Antwort auf die Frage „Quo vadis Ingenieurverband?" geben, wohl aber eine Orientierung. Und das mit der in einem Editorial gebotenen (relativen) Kürze, frei nach dem Motto „Quidquid praecipies, esto brevis" – Was auch immer du lehren wirst, fasse dich kurz! (Horaz, Ars poetica 335.)

Wilfried Grunau

Generationswechsel Vol. I

1993: Es ist das Jahr, in dem die Europäische Union durch das Inkrafttreten des Vertrages von Maastricht wirtschaftliche Realität wird. Ein Ereignis, das auch auf den Berufsstand der Ingenieure Auswirkungen haben wird. Der VDV setzt in diesem Jahr den sehr intensiv vorbereiteten Generationswechsel im geschäftsführenden Vorstand um: Wilfried Grunau wird Bundesvorsitzender, Burkhard Kreuter Geschäftsführer des VDV. [1]

Mit der Bundesmitgliederversammlung in Wetzlar hat sich ein Generationswechsel in der Verbandsführung vollzogen. Dipl.-Ing. Wolfgang Beicken und Dipl.-Ing. Hans Soest, beide seit der Gründung des VDV vor mehr als 40 Jahren immer in der Führungsspitze zu finden, haben ihre Ämter weitergegeben.

Es handelt sich hierbei ohne Frage um ein bedeutsames Ereignis in der Geschichte unseres Berufsverbandes, denn diese beiden Kollegen haben den VDV von Anfang an entscheidend geprägt und gelenkt.

Die Bundesmitgliederversammlung hat in Würdigung ihrer besonderen Verdienste um den Verband und das Vermessungswesen Dipl.-Ing. Wolfgang Beicken zum Ehrenvorsitzenden des VDV und Dipl.-Ing. Hans Soest zum Ehrenmitglied des VDV gewählt.

Die grundsätzlichen Aufgaben des VDV, wie Gestaltung des Berufsbildes, Vertretung der berufspolitischen Belange und Förderung der fachlichen Weiterbildung werden ständig durch aktuelle Herausforderungen ergänzt.

Der gesellschaftspolitische Umbruch der letzten Jahre, die Neuerungen der Europäischen Gemeinschaft und eine sich ständig wandelnde Technik stellen immer wieder neue Anforderungen.

Die aus diesen Gründen von den Amtsvorgängern gezeigte Flexibilität und Mobilität, verbunden mit innovativem Denken, wird auch weiterhin Kontinuität haben.

Die Mitgliedschaften in den europäischen Gremien wie auch die Reaktion auf innerdeutsche Belange, als Stichworte mögen hier die Berufsordnung ÖbVI, die Privatisierung im Vermessungswesen oder auch die Geoinformatik dienen, sind das Ergebnis einer engen Zusammenarbeit zwischen den bisherigen und neuen Amtsinhabern im Vorstand.

Die Zielsetzung des Verbandes weist sicherlich auch über die speziellen Berufsfragen hinaus. Es stellen sich hier die großen übergeordneten Aufgaben, von denen die Sinngebung der Technik und die Stellung des Ingenieurs in der modernen Gesellschaft an erster Stelle zu nennen sind. Die neue Verbandsführung wird sich bemühen, diesem hohen Anspruch weiterhin gerecht zu bleiben.

Neue Anforderungen an das Bildungswerk

Dezember 1993: Der nachfolgende Beitrag ist die Schriftform eines Kurzreferates kurz nach meinem Amtsantritt als Bundesvorsitzender vor dem Gesamtvorstand des VDV-Bildungswerkes. Interessant ist dieser Vortrag insbesondere vor dem Hintergrund auf die 20 Jahre später unter meiner Mitwirkung von VDV, DVW und BDVI gegründete Interessengemeinschaft Geodäsie (IGG) und die Koordinierung der Fortbildungsaktivitäten der drei Verbände in der Geodäsie-Akademie. [2]

Die grundsätzlichen Aufgaben des VDV, wie Gestaltung des Berufsbilds, Vertretung der Berufspolitischen Belange und Förderung der fachlichen Weiterbildung werden ständig durch aktuelle Herausforderungen ergänzt. Der gesellschaftspolitische Umbruch der letzten Jahre, die Neuerungen der Europäischen Gemeinschaft und eine sich ständig wandelnde Technik stellen immer wieder neue Anforderungen. Es sind wir Ingenieure, welche für die gesellschaftliche Nutzung des Fortschritts in allen technisch-wissenschaftlichen Bereichen den politisch Verantwortlichen den Maßstab planerischer Entscheidungen liefern.

Der Ingenieurberuf beansprucht den Menschen überdurchschnittlich im psychischen Bereich durch die erhöhte Verantwortung für Schutz und Sicherheit von Leben, Umwelt und Sachgütern, im intellektuellen Bereich durch Umfang und Geschwindigkeit des Lernens. Es muss heute davon ausgegangen werden, dass die bestehende Qualifikation, insbesondere in technischen Bereichen, eine sog. Halbwertzeit von ca. fünf Jahren hat und derjenige, der sich in dieser Gesellschaft bzw. im Berufsleben nicht weiterqualifiziert, einer zunehmenden Dequalifizierung unterliegt und eines Tages den Anforderungen nicht mehr genügt.

Das Ziel des modernen Ingenieurstudiums muss vorrangig die Berufsfähigkeit sein, nicht aber die Vermittlung des für ein Ingenieurleben ausreichenden technischen Wissens. Die Hochschulen können bei fünfjähriger Halbwertzeit des technischen Wissens lediglich auf die Vermittlung des notwendigen Grundwissens abheben, das dem sogenannten Halbwertzerfall nicht unterliegt. Dieses Grundwissen vermittelt dem Ingenieur alle Möglichkeiten, technologisch en und ingenieurwissenschaftlichen Entwicklungen zu folgen und diese voranzubringen. Ein solches Grundwissen ermöglicht dem Ingenieur auch die zunehmend erforderliche Fortbildung und Spezialisierung. Diese Fortbildung oder Spezialisierung allerdings braucht nicht von den Hochschulen allein geleistet zu werden, sondern kann auch Akademien und Instituten sowie berufsständischen Organisationen übertragen werden.

Der VDV hat aus diesem Grund bereits vor geraumer Zeit das Bildungswerk gegründet. In diesem Bildungswerk, das seit drei Jahren als eigener Verein eingetragen ist, sind verschiedene Fachgruppen konzentriert unter einer Leitung zusammengefasst. Wir müssen uns darüber im Klaren sein, dass Einzelaktionen auf Dauer keinen Erfolg liefern können. Der VDV wird daher auch verstärkt auf das Potential im Bildungswerk zurückgreifen. Für das Bildungswerk bedeutet es, dass diesen Anforderungen nur durch ein optimales Management begegnet werden kann. Das ehrenamtliche Wirken und Engagement der Fachgruppenleiter darf dabei jedoch nicht aufgegeben werden. Wir müssen von der Vorstellung eines kleinen Vereins Abstand nehmen und uns mit einer gewissen Professionalität unserer Weiterbildungsarbeit widmen. Bei dem VDV wie auch dem Bildungswerk handelt es sich um große Organisationen, die nur mit unternehmerischer Konsequenz geführt werden sollten. Eine bewusste Gestaltung der Lernsituation sowie Lernprozesse, die auf eine strategische Unternehmensentwicklung ausgerichtet sind, müssen selbstverständlich werden. Gefordert ist kaufmännisches und unternehmerisches Denken.

Den Fachgruppenleitern und Bildungsreferenten kommt dabei die Aufgabe zu, die Vermengung von Bewährtem und völlig Neuem bewusst herbeizuführen. Sie setzen damit Prozesse in Gang, sie strukturieren damit die Vielfalt neuer Erkenntnisse und sichern somit auch die Ergebnisse. Dieses alles aufgrund ihrer Fachkompetenz und ihrem Wissen über organisatorische und technische Entwicklungen.

Im Folgenden ist aufgeführt, wie nun diese Aufgaben und Forderungen aussehen können: Zunächst einmal sollte der Informationsfluss zwischen den einzelnen Fachgruppen und den VDV-Landesverbänden intensiviert werden. Ansprechpartner sind hier in erster Linie die Vorsitzenden der Landesverbände. Gleiches gilt selbstverständlich auch umgekehrt. Informationen sind nur etwas wert, wenn sie verwendet werden, d. h. gezielt weitergegeben und nicht für sich behalten werden. Indem wir zwischen den Institutionen VDV und Bildungswerk den Informationsfluss intensivieren, wird die Wirkung nach außen sich direkt durch ein verstärktes und verbessertes Angebot an Bildungsveranstaltungen zeigen.

Die Fachveranstaltungen sollten nach Möglichkeit räumlich über alle Bundesländer verteilt werden, wobei einige Maßnahmen sicherlich ausgeklammert werden können, z. B. Veranstaltungen, die mit einem Ortsnamen verknüpft sind und eine gewisse Kontinuität symbolisieren. Die Dezentralisierung kann aber nur bei einer wirklich engen Zusammenarbeit mit den jeweiligen Landesverbänden funktionieren.

Alle Bildungsveranstaltungen im VDV sollten über das Bildungswerk organisiert werden. Das Bildungswerk sollte früher oder später in der Lage sein, zu jedem beliebigen Thema zu jedem beliebigen Ort auf Zuruf eine Fachveranstaltung organisieren zu können. Dieses stellt eine enorme Anforderung dar, die wahrscheinlich in dieser Form nur schwer zu realisieren ist, dies ist aber auch eine Chance, das Ansehen des Bildungswerkes zu festigen, und somit zu einer absolut kompetenten und anerkannten Institution im Vermessungswesen zu machen. Das kann aber nur funktionieren, wenn Informationen fließen, Ideen und Anforderungen weitergegeben werden, Kontakte zu Referenten und Fachfirmen geknüpft und gepflegt werden.

Indem wir den Anspruch stellen, weiterbilden zu wollen, d. h. also Erfahrungen weiterzugeben, müssen wir selbst uns auch weiterbilden. Wir müssen Trends erkennen und auswerten. Neue Arbeitsfelder zeichnen sich allerorten ab, ich nenne hier nur die Stichworte Geoinformatik oder Umweltschutz. Diese neuen Arbeitsfelder dürfen wir nicht abgeben! Das engagierte Einbringen unseres Ingenieurwissens ist gefragt. Wir Ingenieure, insbesondere wir Vermessungsingenieure, müssen Selbstbewusstsein zeigen. Die politische Einflusschance der technischen Intelligenz über die Mobilisierung der heute für die Technikdiskussion sehr sensitiven Öffentlichkeit ist beachtlich. Wir Ingenieure sind zu einem wesentliche gesellschaftspolitischen Faktor und Kulturträger mit unverzichtbarem Mandat geworden.
Lassen Sie uns dieses Mandat gemeinsam nutzen!

Interdisziplinäre Teamfähigkeit

1994: Die Deutsche Bahn AG wird gegründet, Sony bringt seine Playstation auf den Markt und der Begriff „Cyberspace" beherrscht die Medien. In der realen Vermessungswelt nimmt in dieser Zeit das Thema „Geoinformatik" spürbar mehr Raum ein. [3]

Die Ereignisse des vergangenen Jahres haben deutlich gemacht, dass die Anforderungen an das Vermessungswesen nach wie vor sehr hoch sind. Das technische Wissen befindet sich in einer Phase exponentieller Entwicklung. Diese Zunahme an Komplexität und Innovation gilt sicherlich auch für unseren Berufszweig.

Die Kongresse des letzten Jahres, geotechnica und Geodätentag, haben anschaulich dargelegt, dass das Anforderungsprofil über die fachliche Kompetenz und Spezialisierung hinausgeht. Das Verständnis für die Umfelder und Randgebiete darf nicht vernachlässigt werden. Die interdisziplinäre Teamfähigkeit ist nach wie vor eine der wichtigsten Eigenschaften unseres Berufes. Dazu trägt insbesondere auch die Zeitschrift des VDV, DER VERMESSUNGSINGENIEUR, bei.

Bei all der Technikdiskussion sollten wir aber nicht unsere ethische Grundhaltung vernachlässigen. Wir Ingenieure haben eine besondere Verantwortung gegenüber dem Wirkungsgeflecht Mensch - Natur - Technik. Die Diskussion um die EXPO 2000 hat dieses wiederholt demonstriert.

Auch im kommenden Jahr erwarten uns neue Aufgaben. Lassen Sie uns diese Herausforderung annehmen - gemeinsam im Interesse unseres schönen Berufes.

Permanente Weiterbildung

Januar 1995: Die rasante technische Entwicklung und die damit einher gehende Erweiterung des Berufsbildes der Vermessungsingenieure fordert in immer größerem Maße auch den VDV. Gefragt sind beispielsweise Strategien für die berufliche Weiterentwicklung [4]

Würde man heute ein Bild von der Stellung des Ingenieurs in der Gesellschaft zeichnen, dieses Bild würde eine seltsame Mischung aus Respekt und Distanz, ja teilweise Desinteresse zeigen. Man erkennt zwar die Leistung und das Können des Ingenieurs an, ist aber skeptisch, was seine gesellschaftliche Verantwortung, seine Kenntnis der Gesamtzusammenhänge und Sensibilität für Zukunftsfragen angeht.

Die Welt von heute wird geprägt von technischem Geist, von naturwissenschaftlichen Erkenntnissen und von der Fähigkeit der Ingenieure, diese Erkenntnisse technisch umzusetzen. Der Ingenieur als Schöpfer der Technik muss sich seiner Treuhänderschaft für Mensch und Natur bewusst werden und kann seine Verantwortung für die Technik nicht der Gesellschaft überlassen. Bedeutung und Würde der Ingenieure werden am verantwortungsbewussten Umgang der Ingenieure mit der Technik gemessen.

Ein besonderes Forum für den Wissenschaftstransfer innerhalb der Geowissenschaften bietet sich in diesem Jahr mit der geotechnica. Die Vermessungsingenieure sind aufgrund ihrer interdisziplinären Verflechtungen mit diesem Kongress verbunden und stellen ihr Wissen und ihre Lösungsmöglichkeiten, aber auch ihre Verantwortung zur Erhaltung unserer Umwelt vor.

Nur eine ständige Weiterbildung gewährleistet die Anpassung an den technischen Wandel und Fortschritt. DER VERMESSUNGSINGENIEUR ist sich der verantwortungsvollen Aufgabe als Weiterbildungs- und Informationsorgan bewusst. Auch im kommenden Jahr werden wir uns bemühen, diesem Anspruch zu genügen und aktuelle Probleme in den Vordergrund stellen.

Gesellschaftliche Verantwortung

Januar 1996: Über 3,6 Millionen Menschen sind ohne Arbeit. IG Metall-Chef Klaus Zwickel schlägt das erste Bündnis für Arbeit vor. Ziel: Die Entwicklung gemeinsamer Strategien gegen die Arbeitslosigkeit. Vor diesem Hintergrund entstand mein nachstehendes Editorial mit einem sehr vorausschauenden Blick auf das Thema „Digitalisierung" [5].

Das Vermessungswesen hat innerhalb der Geowissenschaften aufgrund seiner interdisziplinären Verflechtungen enorm an Bedeutung gewonnen. Die Tätigkeit der Vermessungsingenieure geht heute einher mit dem Anspruch nach übergreifender Vernetzung verschiedener Fachgebiete. Der ständig wachsende Bedarf an Informationen und deren Darstellung in komplexen Zusammenhängen erfordert daher auch eine permanente Anpassung des Wissens und eine ständige Novellierung der Ausbildungsinhalte. Wieviel „vermessen" wir heute wirklich noch, inwieweit sind wir heute „Geo-Manager" unserer erfassten Daten?

Hier sind die verschiedensten Aspekte in den Vordergrund zu stellen, z.B.: Was verlangen unsere „Kunden"? Welchen Nutzen bringt die technische Innovation und mit welchen Kosten ist sie verbunden? Die Verantwortung der Ingenieure besteht meines Erachtens aber nicht nur für die technische Lösung und den wirtschaftlichen Erfolg und sondern auch für die Auswirkungen auf die Entscheidungsprozesse in Politik, Wirtschaft und Gesellschaft.

Denken wir nur an die derzeitigen Diskussionen über den Ausbau von Datenautobahnen. Sie werden in Politik und Wirtschaft nahezu ausschließlich unter technischen und wirtschaftlichen Aspekten in Bezug auf den Ausbau der Netze geführt. Wie aber sieht es mit der Frage aus, was denn über solche Datenautobahnen transportiert werden soll?

Die Antwort auf diese Frage wird einen beachtlichen Anforderungskatalog aufzeigen, zu dessen Erfüllung vielerlei Mittel und Akzeptanz von Politik und Wirtschaft bereitgestellt werden müssen. Wir Ingenieure müssen uns dem vom Philosophen Hans Jonas postulierten „Prinzip Verantwortung" stellen und bereit sein, unsere Wirkungsbereiche über Technik und Wirtschaft hinaus zu erweitern. Dazu ist u.a. eine ständige Weiterbildung erforderlich.

DER VERMESSUNGSINGENIEUR ist sich der verantwortungsvollen Aufgabe als Informations- und Weiterbildungsorgan bewusst. Wir werden uns auch weiterhin bemühen, diesem Anspruch zu genügen und aktuelle Probleme in den Vordergrund stellen.

Generationswechsel Vol. II

Januar 1997: Josef Heyink, der Mann, der die VDV-Zeitschrift quasi im Alleingang zu dem gemacht hat, was sie heute ist, gibt sein Amt als Hauptschriftleiter ab. Damit tritt ein weiteres VDV-Urgestein in die 2. Reihe; Rolf Bull wird neuer Hauptschriftleiter und Willibald Dores zeichnet ab jetzt verantwortlich für die verbandsinternen VDV-Mitteilungen. [6]

DER VERMESSUNGSINGENIEUR: aktuell, kompetent und praxisnah; fachlich herausragend, professionell gestaltet und weltweit gelesen. So kennen Sie diese Zeitschrift. Maßgebend geprägt und auf dieses beachtliche Niveau gehoben aber hat sie hauptsächlich der Mann, der diese Zeitschrift über 40 Jahre als Hauptschriftleiter betreut hat: Herr Dipl.-Ing. Josef Heyink.

Fachlich immer auf der Höhe der Zeit zu sein und dieses auch noch entsprechend redaktionell umsetzen zu müssen, ist ein sehr großer Anspruch an einen Hauptschriftleiter. Wenn Josef Heyink nun sein Amt an Rolf Bull weitergibt, so übergibt er nicht nur eine angesehene Zeitschrift sondern zugleich auch den Anspruch der Leser an diese Zeitschrift; einen Anspruch, den Herr Heyink durch seine eigene Leistung sicherlich entscheidend gefördert, sich aber auch erfolgreich gestellt hat.

Mit der ersten Ausgabe vom Mai 1950 hat die heutige Zeitschrift kaum noch etwas gemein. Der Titel lautete damals DER FLUCHTSTAB, das Format war etwas kleiner (DIN B5) und die Auflage gering. Zahlreiche

Diskussionen um die innere und äußere Gestaltung sowie den Inhalt der Zeitschrift wurden geführt und viel ehrenamtliches Engagement war notwendig, um den VERMESSUNGSINGENIEUR zum heutigen Erfolg zu führen. Dank gab es dafür selten, Unannehmlichkeiten dafür umso mehr. Die Herausgabe und Gestaltung einer Zeitschrift, beruhend nur auf ehrenamtlicher Arbeit, neben Familie und Beruf erfordert eine große Disziplin, der sich Josef Heyink selbstlos gestellt hat. Gleiches gilt auch für seinen Nachfolger, den bisherigen Schriftleiter der Verbandsnachrichten, Rolf Bull.

Die Leserinnen und Leser haben in den vergangenen Jahrzehnten stets alle zwei Monate eine hochaktuelle Fachzeitschrift erhalten. Das dieses so war, ist das Verdienst des bisherigen Hauptschriftleiters und seiner Crew; das es so bleibt, dafür garantiert die Wahl von Rolf Bull zum neuen Hauptschriftleiter. Seine mehr als 20-jährige Erfahrung als Schriftleiter der Verbandsmitteilungen wird ihm dabei zu Gute kommen.

Im Namen der Leserinnen und Leser sowie im Namen des Verbandes Deutscher Vermessungsingenieure (VDV) e.V. möchte ich mich heute bei Herrn Heyink für die geleistete Arbeit und sein nie ermüdendes Engagement bedanken! Herrn Bull wünsche ich für seine bevorstehende Arbeit viel Erfolg. Die Unterstützung des VDV ist ihm sicher.

Wissen und Information

Januar 1998: Im November des Vorjahres demonstrieren in Bonn 40.000 Studenten gegen die Finanzmisere an den deutschen Hochschulen. Wochenlang streiken die Studierenden fast aller Universitäten in Deutschland für bessere Studienbedingungen. Und auch der Arbeitsmarkt macht immer noch Sorgen: die Arbeitslosigkeit in Deutschland liegt bei rund 10 Prozent. Zwar florieren die High-Tech-Unternehmen, aber es entstehen nicht so viele Arbeitsplätze, wie in den alten Branchen wegfallen. Es herrscht Krisenstimmung in Deutschland. [7]

Wir stehen am Übergang der Industriegesellschaft zur Wissens- und Informationsgesellschaft des 21. Jahrhunderts. Wissen und Information sind zum vierten großen Wirtschaftsfaktor geworden – so wichtig wie Rohstoffe, Arbeit und Kapital. Die Informationstechnologien sind die Basisinnovationen des ausgehenden Jahrhunderts. Das Symbolprodukt der Informationsgesellschaft, der Chip, hat die Welt radikaler verändert als Webstuhl und Dampfmaschine. Damit ist auch die Bildung zu einem Standortfaktor ersten Ranges geworden. Wer im Wettbewerb bestehen will, muss sein Bildungssystem an die Spitze bringen. Das Bildungssystem entscheidet über Berufs- und Lebenschancen der Menschen und über die Zukunftsperspektiven der Wirtschaft. Hochschulausbildung, Qualifizierung und Weiterbildung bilden damit das Fundament für die Zukunfts- und Standortsicherung. Eine besondere Schlüsselfunktion haben hier insbesondere die Hochschulen: Das in Universitäten und Fachhochschulen steckende Forschungs- und Innovationspotential sollte noch stärker aktiviert und intensiver genutzt werden, als es jetzt schon der Fall ist. Die dabei entstehenden Synergieeffekte und Möglichkeiten des Technologietransfers bei anwendungs- und entwicklungsorientierten Problemstellungen dürften auch für Unternehmen von besonderem Interesse sein.

Die Stellung der Ingenieure ist im weltweiten Strukturwandel von eminenter Bedeutung. Die infrastrukturelle Grundsicherung der Wissens- und Informationsgesellschaft basiert auf den Leistungen der Ingenieure. Ohne Ingenieure keine Zukunft! Die Verantwortung des Ingenieurs ist daher sehr hoch: individuelle Qualifikation und Weiterbildung sind die Grundvoraussetzungen für zukunftsweisende technische Innovationen. Verantwortung aber kann nur übernehmen, wer Sach-, Wert- und Handlungskompetenz hat. Auch hier zeichnet sich wiederum die Bedeutung der Ingenieuraus- und -weiterbildung ab.

Der geneigte Leser mag sich fragen, inwieweit er persönlich zu diesem Themenkomplex beitragen kann. Nun, allein die Mitgliedschaft im Verband Deutscher Vermessungsingenieure (VDV) eröffnet dem Fachkollegen diverse Möglichkeiten zur Weiterbildung. Unter dem Motto „Aus der Praxis für die Praxis" finden bundesweit regelmäßige Fachvorträge, Besichtigungen, Seminare und Workshops zu aktuellen Themen statt und bieten damit Gelegenheit zur intensiven Diskussion mit Spezialisten. Die vor Ihnen liegende Fachzeitschrift DER

VERMESSUNGSINGENIEUR zeichnet sich durch hohe Aktualität, Praxisorientierung und fachliches Niveau aus und ermöglicht eine permanente fachliche Weiterbildung. Dass dieses so bleibt, dafür garantieren die Schriftleitung und das Präsidium des VDV.

Generationswechsel Vol. III

Januar 1999: Zur Unterstützung bei der qualitativen Begutachtung von Artikeln der VDV-Verbandszeitschrift steht dem Chefredakteur ein wissenschaftlicher Berater zur Seite. Das Profil der Zeitschrift trägt in gewissem Maße daher auch seine Handschrift. Mit dieser Ausgabe gibt Prof. Wiemann das Amt nach 11 Jahren an Prof. Weisensee weiter. Gleichzeitig wird damit auch die inhaltliche Ausrichtung der Zeitschrift breiter aufgestellt. So sollen z.B. künftig die Analyse und Visualisierung raumbezogener Informationen neben den klassischen Vermessungsaufgaben Platz in der Fachzeitschrift bekommen und damit der Erweiterung des Berufsbildes Rechnung tragen. [8]

Tempora mutantur, nos et mutamur in illis - die Zeiten ändern sich und wir uns mit ihnen. Zu Beginn eines neuen Jahres Rückblick zu halten auf vergangene Zeiten ist eine liebgewordene Tradition, die aber gleichzeitig im Vorblick auch Motivation für die Zukunft gibt. In einem Jahr, in dem der Verband Deutscher Vermessungsingenieure sein 50jähriges Bestehen feiert, gilt dieses in besonderem Maße und ist

Grund genug, einmal mehr den Mut und die Beharrlichkeit zu loben, mit der die Gründer unseres Berufsverbandes die damaligen Probleme angegangen sind.

Die Gründung des VDV und seiner Fachzeitschrift war in der Aufbauphase der Bundesrepublik Deutschland aus berufspolitischer Sicht unbedingt notwendig, aus fachlicher Sicht hingegen ein mutiger, vorausschauender und äußerst erfolgreicher Schritt. DER VERMESSUNGSINGENIEUR ist aus der heutigen Zeitschriftenlandschaft im Vermessungswesen nicht mehr wegzudenken. Zu verdanken ist dies sicherlich den zahlreichen Autoren, die sich bereit erklärten, ihr Fachwissen und ihre Erfahrungen einer breiten Fachwelt zugänglich zu machen. Zu verdanken ist dies aber auch den Redakteuren und insbesondere den wissenschaftlichen Schriftleitern, die durch ihre innovativen Anregungen der Zeitschrift ihr unverwechselbares Profil gaben. Von 1987 bis 1998 war Prof. Manfred Wiemann wissenschaftlicher Schriftleiter dieser Zeitschrift.

In dieser Zeit gab es im Vermessungswesen einen enormen technischen Umbruch, man denke z. 8. nur an die Themenkomplexe GPS und GIS. Herrn Prof. Wiemann ist es zu verdanken, dass DER VERMESSUNGSINGENIEUR seinen Anspruch der praxisnahen Vermittlung von Fachwissen wesentlich ausbauen konnte. Dafür ist der VDV ihm zu großem Dank verpflichtet.

Mit Beginn des Jahres 1999 hat nun Prof. Dr. Manfred Weisensee von der FH Oldenburg die wissenschaftliche Beratung dieser Zeitschrift übernommen und damit die Nachfolge von Prof. Wiemann angetreten, Das Präsidium und der Bundesvorstand des VDV wünschen ihm für diese Tätigkeit eine glückliche und erfolgreiche Hand und freuen sich auf eine gute Zusammenarbeit.

Zukunft gestalten

Januar 2000: Kurz vor dem Jahrtausendwechsel treibt die Menschen noch die Angst vor dem Jahr-2000-Computerproblem um. Wenig später richten sich die Augen der Welt aber schon wieder auf andere Themen, z.B. auf Technik und Umwelt (Stichwort Weltausstellung) sowie Wirtschaft und Digitalisierung. Das Internet wird bereits verstärkt als Handelsstraße genutzt. In den USA hat zu dieser Zeit bereits jeder vierte Haushalt Zugang zum Word Wide Web, während die Entwicklung in Deutschland noch hinterher hinkt. [9]

Wenn man auf unser vergangenes Jahrhundert zurückblickt und versucht, sich eine „gute" Zukunft real vorzustellen, tun sich in vielen Bereichen apokalyptische Szenarien auf: Umweltzerstörungen, Jahrhundertstürme und Erdbeben, Gewaltbereitschaft, Orientierungslosigkeit, Werteverlust, zunehmende Auflösung fester Arbeitsverhältnisse, Wandlung zu Telearbeitsplätzen, Globalisierung der Wirtschaft. Das sind nur einige der Probleme, die auf uns zukommen werden. Und sie bedeuten existenzielle Umbrüche für jeden von uns.

Weltuntergangspanik sollte jedoch nicht angesagt sein, ist sie doch ohnehin erst eine neuzeitliche Fin-de-siècle-Erfindung. Vergleicht man z.B. die Wirtschaftsprognosen und die Wirklichkeit der letzten Jahre, so sieht man, dass selbst die Prognostiker der großen Forschungsinstitute keine hohe Trefferquote hatten. Der wirtschaftliche Aufschwung des Jahres 1999 hatte mit Anlaufschwierigkeiten zu kämpfen, teilweise auch aufgrund hausgemachter Probleme. Aber inzwischen haben sich die Perspektiven deutlich verbessert. Im nüchternen Jargon der Sachverständigen liest sich das so: „Im Jahre 1999 wurde die Konjunkturdelle überwunden und, gestützt von einer stabilen Konsumentwicklung sowie einer anziehenden Exportnachfrage, nahm die Konjunktur Fahrt auf." Plötzlich regiert Optimismus: „Mit Schwung ins neue Jahrtausend" jubelten einige Institute, nachdem z.B. die geplante Steuerreform bekannt wurde.

Was hat man uns nicht alles vorausgesagt für das magische Jahr 2000. Die Entwicklung der nächsten Zeit wird uns zeigen, ob die Auguren unter den Prognostikern Recht behalten werden. Auch die Zukunft der Ingenieure wurde in den letzten Monaten verstärkt öffentlich diskutiert. Die Y2K-Problematik um die magische Jahreszahl 2000 und die daraus resultierende Verantwortung der Ingenieure für die Technik und damit für das Wohl der Gesellschaft haben dazu sicherlich beigetragen. Die kommende Weltausstellung und der parallel stattfindende Weltingenieurtag mit dem Motto „Mensch-Natur-Technik" werden zur Klärung der Stellung des Ingenieurs in der Gesellschaft beitragen. Die wirtschaftliche Zukunft unseres Landes, soviel ist sicher, hängt auch von den Ingenieuren ab. Deutschland wird seinen Wohlstand und seine Position als Kultur- und Wirtschaftsstandort nur halten können, wenn es die Faktoren Bildung, Wissenschaft, Forschung und Technik auf höchstem Niveau anstrebt. Der Wettbewerb der Zukunft wird auch ein Wettbewerb der Bildungs- und Ausbildungssysteme sein. Dabei wird der Kampf weniger um Rohstoffe geführt als um die am besten qualifizierten Arbeitskräfte. Strukturiertes Wissen ist neben Arbeit, Kapital und Rohstoffen zum vierten Produktionsfaktor geworden. Wenn wir diese Ressource nutzen wollen, müssen wir unsere gemeinsamen Bemühungen verstärken und ausbauen. Es gilt, neben unseren alltäglichen Aufgaben, viele neue Herausforderungen zu bewältigen. ”Zukunftsfähigkeit gestalten” nennt dies der im Januar vom Bundeskabinett verabschiedete Jahreswirtschaftsbericht 2000, und trifft die Anforderungen damit recht genau.

Vor Ihnen liegt die erste von mir redigierte Ausgabe der ZBI-Nachrichten. Zu den zentralen Themen der Zeit, und damit dieser Ausgabe, gehört zweifellos der Komplex „Bachelor/Master“ und die Frage nach dem „Verbleib“ des Diplomingenieurs. Die Folgen des gestuften Bildungssystems sind sicherlich nicht nur positiver Natur, aber: ”Nur im Wandel liegt die Kraft”.

Im Rahmen der Diskussion über den Wirtschaftsstandort Deutschland wird u.a. immer wieder die geringe Zahl von Existenzgründungen beklagt. In einem weiteren Beitrag wird deshalb eine Bestandsaufnahme dieser

Problematik vorgenommen und daraus folgend ein cur-ricular-inhaltlicher Qualifikationsvorschlag entwickelt.

Wer als Architekt oder Ingenieur in die Selbständigkeit strebt, hat es schwer, auf seine Dienstleistung aufmerksam zu machen, denn Werbung in eigener Sache ist meist streng untersagt: Freiberufler sind eben doch nicht so frei.

Der ZBI ist bekanntermaßen in Berlin angekommen und wird sich nun wieder voll und ganz den berufsständischen Problemen der Ingenieure widmen. Die ZBI-Nachrichten werden diese Probleme aufgreifen, darüber berichten und hoffentlich auch viele Diskussionen anregen. Über Resonanzen würde ich mich freuen.

An der Schwelle zum 21. Jahrhundert gibt es viele Motivationen und Visionen für eine bessere Zukunft. Lassen Sie uns gemeinsam daran arbeiten.

Vorsprung durch Innovation

Januar 2001: Die Jahreszahl erinnert ein klein wenig an den Science-Fiction-Film von Daniel Kubrick, „Odyssee im Weltraum". Und tatsächlich: in der Realität scheint - nicht unbedingt - die Menschheit, wohl aber die geodätische Fachwelt, im Aufbruch zu sein: [10]

Eine rasant fortschreitende technische Innovation setzt neue Takte und Intervalle. Was gestern noch Vision war, ist heute Hightech und morgen schon die Technik von gestern. Nur wer bereit ist, sein Produkt immer wieder auf den Prüfstand zu stellen, sichert dessen Bestand und nur wer Neues wagt, kann im Wettbewerb bestehen.

Neues fachübergreifendes Wissen und wachsende Interdisziplinarität löst in immer größerem Maße gewohnte Prozesse ab. Traditionelle Branchengrenzen verschwimmen zusehends, und allenthalben tauchen neue Wettbewerber, aber auch neue Geschäfts- und Betätigungsmöglichkeiten auf. Für den Unternehmensberater Roland Berger z.B. steht fest, dass wir derzeit den größten Umbruch seit 1948 erleben. Und der erfasst alle Branchen, also auch unsere Fachdisziplin – betrachten wir nur einmal die Welle der Fusionen und enger Kooperationen, die allein im letzten Jahr bekannt gegeben wurden. Aber auch berufspolitisch tut sich einiges: eine neue (bessere?) Qualität der Bildung versprechen uns die Abschlüsse Bachelor und Master. Ob dem wirklich so ist, wird die Zeit zeigen.

Vorsprung durch Innovation, aber auch durch Information – darum geht es in allen Bereichen. Deshalb be-
ginnt der VDV das neue Jahrtausend auch mit einem
Umbruch: Vor Ihnen liegt die völlig neu gestaltete Ausgabe der Verbandszeitschrift DER VERMESSUNGS-
INGENIEUR. Aufbauend auf dem bewährten Konzept
„Aus der Praxis – für die Praxis" wollten wir uns nicht
auf unseren Lorbeeren ausruhen, sondern noch moderner und noch informativer werden.

Die ständige Dokumentation der Entwicklung unseres
Berufsfeldes und der sich neu eröffnenden Chancen ist
gerade in diesen dynamischen Zeiten von enormer Bedeutung. Wissen und Information sind zurzeit die wohl
bedeutendsten Produktionsfaktoren und damit ein
wichtiger Motor unserer Entwicklung - die Zukunft
kann eben nur gestalten, wer auch informiert ist.

Die richtigen Themen zur richtigen Zeit und in der
richtigen Weise anzufassen ist eine höchst anspruchsvol-
le Aufgabe. Wenn es gelingen soll, sich der aktuellen
Themen anzunehmen, Prioritäten zu erkennen und zu
ermessen, wo sich Wirkungsmöglichkeiten und Chancen anbieten, Lücken auszumachen, in denen es gilt,
etwas in Bewegung zu setzen, weiter zu bringen und
bewusst zu machen, dann hat dies eine elementare Voraussetzung: Die Betrachtung einer Problematik weit
über den engen fachlichen Zusammenhang hinaus, die
Verknüpfung auch mit den Themen der Zeit, mit der
Verantwortung gegenüber der Allgemeinheit.

Die Konsequenz daraus haben wir auf unsere Verbandszeitschrift angewendet: fachlich fundiert, qualitativ

hochwertig und das ganze magazin-ähnlich verpackt. Wir sind uns sicher, dass uns dieser „Relaunch" gelungen ist. Entdecken Sie Ihre Fachzeitschrift neu - wir sind auf Ihre Reaktionen gespannt.

Wissen, was erlaubt ist

Januar 2002: Die Welt ist im Umbruch. Zum Teil liegt das an den nur wenige Monate zurückliegenden Ereignissen um den 11. September. Aber nicht nur: Am Ende wirken kein Schönreden und keine „ruhige Hand" des Kanzlers: Deutschland ist zum Jahresende in die Rezession gerauscht. Mit dem Wirtschaftsstillstand steigen die Arbeitslosenzahlen immer weiter, die Krankenkassenbeiträge explodieren und die Steuereinnahmen schrumpfen. Gleichwohl: es gibt (zwar nicht in Deutschland, aber immerhin) Licht am Horizont – und das nicht nur, weil Apple den iPod herausgebracht und Microsoft Windows XP eingeführt hat... [11]

Jede technologische Revolution prägt ihre Zeit und verändert das gesellschaftliche Bewusstsein. Das gilt für die Phase der Industrialisierung, die erst durch Technik möglich wurde, wie auch für die umwälzende Veränderung menschlicher Mobilität, die technische Revolution in den privaten Haushalten und heute die Entwicklung der modernen Kommunikationstechnologien. Die Menschen erleben fasziniert, dass die technologische Entwicklung ihren Alltag - den beruflichen wie den privaten - verändert, und ziehen aus diesen Erfahrungen Hoffnung und Zukunftsoptimismus. Die Überzeugung wächst, dass der technische Fortschritt überwiegend positive Folgen hat und das Leben erleichtert. Beobachtet man aber den Siegeszug der neuen Technologien und die damit einhergehende Technikbegeisterung, so wirkt es wie ein Widerspruch, dass gleichzeitig technische Experten für diese Technologien und Nachwuchskräfte in den Natur- und Ingenieurwissenschaften fehlen. Die Diskussion über den Wirtschaftsstandort Deutschland hat eine weitgehende Einigkeit über die zentrale Bedeutung von Bildung, Forschung und Technologie gezeigt. Sicher ist, von welchem Standpunkt man auch immer die derzeitige Situation betrachtet: wir brauchen eine Innovationsoffensive, bei der unter anderem auch die technischen Berufe eine stärkere Beachtung finden. Deutschland ist dabei, in der Kernkompetenz „Technik" den Spitzenplatz einzubüßen und seinen einst so hoch geschätzten Standortfaktor „Wissen" zu verlieren. Dieser Entwicklung müssen wir schnellstens Einhalt gebieten und eine Trendumkehr erreichen. Der Übergang von der Industrie- über die Informations- zur Wissensgesellschaft darf deshalb keine stereotypische Redewendung, sondern muss eine Herausforderung sein. Hier sind auch die Ingenieure mit ihrem Mut zur Zukunft, ihrem Ideenreichtum und ihren Visionen gefragt.

Die geforderte Fähigkeit, das Potential „Wissen" zu erhalten bzw. weiter zu entwickeln, entscheidet maßgeblich darüber mit, welche Unternehmen, welche Staaten künftig erfolgreich sein werden. Bildung muss in unserem Lande deshalb wieder einen höheren Stellenwert erhalten. Dabei ist auch über neue Bildungsinhalte verantwortlich zu entscheiden. Nach wie vor gilt, dass sich Bildung, ganz im Humboldt'schen Sinne, an der Fähigkeit zeigt, mit Wissen neues Wissen zu erwerben. Die hierfür erforderlichen Rahmenbedingungen müssen, dies hat die PISA-Studie sehr deutlich gezeigt, in Deutschland nachhaltig verbessert werden.

Wichtig ist aber auch: Nicht alles, was machbar ist, ist auch zu tun erlaubt. Jede Technik und Technologie enthält die Möglichkeit zu bösartiger, unmoralischer oder nachteiliger Anwendung. Und Risiken und Unsicherheiten gehören zu Wissenschaft und Technik wie die Nacht zum Tag. Es kann keine Zweifel geben: Was der Würde des Menschen schadet, darf nicht gemacht werden, ist aus sittlichen Grundsätzen verboten. Das eine vom anderen unterscheiden und mit Unsicherheiten und Risiken umgehen zu können - auch das ist unsere Verantwortung.

Um dieser Verantwortung gerecht zu werden, genügt Wissen alleine nicht. Wissen kann uns lehren, wie etwas gemacht wird. Aber es sagt uns nicht, was wir machen dürfen.

Aller Anfang ist schwer

Januar 2003: Der Euro ist jetzt seit einem Jahr offizielles Zahlungsmittel, die wirtschaftliche Lage ist immer noch problematisch und auch unser Berufsfeld ist (auch immer noch oder schon wieder?) im Wandel begriffen. Die Rede ist von Reformen, doch wo soll man anfangen? [12]

Es gibt zur Zeit wohl kein Thema, das die Ingenieure mehr beschäftigt, als die Anpassung an die veränderte Marktsituation und damit die Frage: Wie und wo müssen wir uns künftig positionieren, welche Chance haben wir und wie sieht unsere Strategie aus?

Die Probleme des vormals so gerühmten Wirtschaftsstandortes Deutschland sind bedrückend und nur eine grundlegende Reform kann den Menschen noch die erhoffte Sicherheit wiedergeben. Nun ist aber gerade Reformbereitschaft nicht die Stärke der deutschen Gesellschaft und ihrer Politik. Viel zu oft gilt noch das Florians-Prinzip. Dennoch: Der Dreh- und Angelpunkt erfolgversprechender Reformen besteht darin, das System Arbeit primär wieder an den Regeln von Markt und Wettbewerb zu orientieren und es aus dem Klammergriff der Überregulierung zu lösen. Das ist durchaus machbar. Lassen wir doch der freien Marktwirtschaft wieder Luft zum Atmen und befreien wir uns von Missgunst und Neid.

Deutschlands Wohlstand und die Freiheitsgrade seiner Bürger beruhen letztlich auf dem weltwirtschaftlichen Erfolg seiner Unternehmen samt den sie ausmachenden

Menschen. Erfolg auf dem globalen Feld aber können wir nur erreichen und halten, wenn unsere Leistungskraft, Effizienz und Robustheit wieder Weltklasse werden. Darauf hinzuarbeiten ist heute einer der wichtigsten politischen und gesellschaftlichen Aufgaben am Standort Deutschland. Im Zuge der Europäisierung und Globalisierung müssen und können Ingenieure schnell und flexibel auf den stetigen Strukturwandel und seinem Anpassungsdruck reagieren. Allerdings bedarf es hierzu geeigneter wirtschaftspolitischer Rahmenbedingungen. Dies ist eine Aufgabe, der sich der VDV zusammen mit dem Zentralverband der Ingenieurvereine (ZBI) mit Nachdruck stellen wird. Klagelieder sind kein Weg aus dem Dilemma. Aktivitäten sind gefordert.

Der römische Philosoph Seneca postulierte einst: „Nicht weil es schwer ist, fangen wir es nicht an, sondern weil wir es nicht anfangen ist es schwer". Also: Lassen Sie uns beginnen!

Zukunft braucht Herkunft

Januar 2004: Die von der Regierung Schröder initiierte Agenda 2010 zur Reform des deutschen Sozialsystems und des Arbeitsmarktes wird nach langen Debatten umgesetzt, der Start der LKW-Maut hingegen hat aus technischen Gründen gefloppt und dann zeigt auch noch das Ergebnis der internationalen PISA-Studie starke Defizite im Bereich der mathematischen und naturwissenschaftlichen Bildung. [13]

In den vergangenen Jahren hat sich die Entwicklung neuer Technologien enorm beschleunigt und technische Innovationen sind schnell fester Bestandteil des Alltags. Aber noch nie haben sich Innovationen global in so schneller Folge entwickelt, wie wir das heute erleben. Viele Menschen fühlen sich durch diese rasanten Entwicklungen überfordert und misstrauen deshalb der Technik. Auch die Bildungseinrichtungen haben mit der veränderten Zeit nicht mitgehalten, wie die in mehreren Studien aufgezeigten Bildungsdefizite der Schulabgänger belegen. Dadurch werden die insbesondere auch die technischen Studiengänge an den Hochschulen schwer belastet. Wir alle erinnern uns noch, dass Güte und Qualität der Ingenieurwissenschaften einer der Schlüssel für die wirtschaftliche Erfolgsgeschichte der Bundesrepublik Deutschland waren. Da gilt es, wieder Anschluss zu finden.

Damit wir Ingenieure auch zukünftig (wieder) gestalten können, müssen wir unsere Anliegen permanent in der Gesellschaft vorstellen und vertreten. Das Jahr 2004 bietet uns hierzu eine großartige Gelegenheit, wurde es doch unlängst zum „Jahr der Technik" erklärt.

Die Initiative dieses Wissenschaftsjahres zielt auf einen Dialog zwischen den technischen Wissenschaften und einer breiten Öffentlichkeit. Kein anderes Wissensgebiet ist so weit gefächert wie die Technik mit ihren unterschiedlichen Disziplinen und Fachgebieten. Mit der verständlichen Präsentation des Technikstandortes Deutschland soll deshalb im Jahr der Technik das faszinierende und überaus weitreichende Tätigkeitsfeld von Ingenieuren dargestellt werden. Dabei steht der Spaß am Entdecken einer komplexen und faszinierenden Welt der Innovationen und der Wissenschaft im Vordergrund, um gerade junge Menschen an die Technik heran zu führen. Begleitet von einer breiten Palette an Informationen wird es zahlreiche Events, Ausstellungen, Konzerte und Veranstaltungsreihen geben. Wir sollten diese Chance nutzen und auch unser Berufsfeld im Rahmen dieses Wissenschaftsjahres präsentieren. Behörden, Privatwirtschaft und Hochschulen sind aufgerufen, sich zu beteiligen.

Wenn wir dann am Ende dieses Jahres mit den Worten von Salvador Dalí sagen können: „Am liebsten erinnere ich mich an die Zukunft", dann war das Jahr der Technik ein Erfolg.

Mit Schwung ins neue Jahr

Januar 2005: Obwohl Bundeskanzler Schröder das vergangene Jahr als „Jahr der Innovation" bezeichnet, haben die Menschen große Probleme mit den Reformen, die zum Teil gravierende Veränderungen ihrer Lebensumstände bedeuten. [14]

Ginge es allein nach der Zahl der wirtschafts- und sozialpolitischen Reformvorschläge, bräuchte sich man sich um die Zukunft des Standortes Deutschland keine Sorgen mehr zu machen. Denn kaum ein Tag vergeht, an dem nicht ein neuer Plan zum Umbau des deutschen Steuer-, Arbeitsmarkt- und Sozialsystems präsentiert wird. Und vielfach wird sogar argumentiert, dass es längst nicht mehr um die richtige Erkenntnis, sondern lediglich noch um das Problem der best- und schnellstmöglichen Umsetzung geht.

Tatsächlich zeigt sich bei näherem Hinsehen jedoch, dass hierzulande nicht nur das Tempo, sondern auch die Zielrichtung der notwendigen wirtschafts- und sozialpolitischen Reformen nach wie vor heftig umstritten ist. Wachstum kann allein auf fruchtbarem Boden stattfinden. Dies gilt nicht nur in der Natur, sondern auch in der Wirtschaft. Es dürfte unbestritten sein, dass Deutschland eine exponierte geografische Lage aufweist, die alle Möglichkeiten bietet, sich nicht nur im eigenen Lande, sondern auch in Regionen aller Himmelsrichtungen frei und positiv zu entwickeln.

Mit den uns zur Verfügung stehenden Ressourcen, materieller wie auch geistiger Art, müssen wir alle gemeinsam versuchen den Wirtschaftsmotor wieder in Fahrt zu bringen. Hierbei ist es wenig hilfreich, immer wieder zu beklagen, dass wir den Anschluss auf vielen Gebieten verpasst hätten. So bescheinigt uns beispielsweise die OECD, dass unser Bildungssystem altmodisch, unterfinanziert und ineffizient ist. Wenn dem so ist, müssen wir eben alle Hebel in Bewegung setzen, diesen Missstand zu überwinden, selbst wenn Jahre darüber vergehen, bis Erfolge sichtbar werden. Um eine Erkenntnis kommen wir hierbei nicht herum, dass nämlich der Faktor Mensch mit seiner Qualifikation uns seinem Leistungswillen über die Wettbewerbsfähigkeit der Unternehmen entscheidet.

Auch unser Berufsstand unterliegt derzeit vielen Veränderungen. Der VDV hat deshalb in der letzten Zeit seine Interessenvertretung für die in Vermessung und Geoinformation tätigen Kolleginnen und Kollegen weiter intensiviert. Unsere Kontakte zu Politik und Verwaltung, Wirtschaft und Hochschulen sind exzellent. Der VDV ist ein gefragter Gesprächspartner.

Ich denke, dass wir deshalb durchaus gelassen an die Herausforderungen des vor uns liegenden Jahres herangehen können. Die Leistungsfähigkeit und insbesondere Leistungsbereitschaft aller im VDV aktiven Kolleginnen und Kollegen stimmt mich in dieser Auffassung optimistisch und lässt mich auch weiterhin auf eine vertrauensvolle Zusammenarbeit hoffen. Wir sind auf dem richtigen Weg!

Gemeinsam für Deutschland

November 2005: Am 2. November um 10:57 Uhr war es soweit: Eine Physikerin aus der Uckermark wird Deutschlands erste Bundeskanzlerin. Es wartet viel Arbeit auf die neue Regierung – auch aus Sicht der Ingenieurverbände. [15]

Die Bundestagswahl liegt hinter uns, mit dem Ergebnis, dass nach Jahrzehnten der parteipolitischen Rivalität CDU/CSU und SPD die Probleme nun gemeinsam angehen wollen: „Wir werden unsere parlamentarische Mehrheit für strukturelle Reformen in Deutschland nutzen, Mut machen zur Anstrengung und das Vertrauen der Menschen in die Zukunftsfähigkeit des Landes stärken." Die neue Regierung steht bekanntermaßen vor gewaltigen Aufgaben: Arbeitslosigkeit, demographischer Wandel und der Veränderungsdruck der Globalisierung verlangen große politische Anstrengungen – und auch ein Mitziehen der Bevölkerung. Der Leitsatz des Koalitionsvertrages „Gemeinsam für Deutschland" beschreibt die Herausforderung damit sehr genau. Wenngleich einige Themenkomplexe noch sehr vorsichtig formuliert sind, z.B. im Bereich der Gesundheitspolitik, so handelt es sich bei dem Vertrag gleichwohl um ein Dokument der praktischen Vernunft.

Die Auswirkungen des Koalitionsvertrages sind weit reichend und setzen zum Teil erheblich neue Rahmenbedingungen auch für die Berufsverbände der Ingenieure. Nachfolgend eine kurze Zusammenfassung der für den ZBI wichtigsten Themenfelder der Vereinbarung.

Wirtschaft und Technologie: Bereits im kommenden Jahr wollen die Koalitionspartner mit einem breit angelegten Investitionsprogramm für mehr Wachstum sorgen. So sollen u.a. die Investitionen im Verkehrsbereich deutlich erhöht werden. Der bedarfsgerechte Erhalt und Ausbau von Straßen, Schienen und Wasserwegen wird gewährleistet. Auch soll die Finanzierung mittelständischer Unternehmen durch private Kapitalgeber und öffentliche Banken erleichtert werden. Der Stärkung der internationalen Wettbewerbsfähigkeit des Technologiestandortes Deutschland dienen ausgewählte innovative „Leuchtturmprojekte" wie zum Beispiel das europäische Satellitennavigationssystem GALILEO oder auch der Ausbau von Bahnschnellsystemen, unter anderem mindestens einer Transrapid-Referenzstrecke in Deutschland.

Schienen- und Wasserwege: Auch die Bahnreform soll nach dem Willen der Koalitionspartner fortgeführt werden. Die weiteren Schritte der Bahnreform und die Gestaltung des Börsengangs werden demnach in Auswertung des dem Bundestag vorzulegenden Gutachtens unter Beteiligung der zuständigen Parlamentsausschüsse entschieden. Ebenso ist für die Koalition die Sicherung und Erhaltung der Wettbewerbsfähigkeit der deutschen Binnenschifffahrt ein zentrales Anliegen. Die deutsche Binnenschifffahrt als unbestritten sicherer und umweltfreundlicher Verkehrsträger muss nach Auffassung der Koalitionäre in den kommenden Jahren im Gesamtverkehrssystem deutlich an Bedeutung gewinnen. Gut erhaltene Wasserstraßen sind in einem integrierten Verkehrssystem deshalb ebenso unverzichtbar wie für die Effizienz von Logistikketten.

Städtebauförderung: An der Städtebauförderung als gemeinsamer Aufgabe von Bund, Ländern und Gemeinden wird festgehalten. Die Bürgerschaft und die Immobilienwirtschaft sollen stärker in die städtebaulichen Entscheidungen einbezogen werden. Dazu strebt die Koalition die Stärkung integrierter Stadtentwicklungskonzepte, vor allem deren Vernetzung mit anderen Planungen und Maßnahmen, an. Um den Städten sowie der Wohnungs- und Versorgungswirtschaft der neuen Länder bei der Verminderung des Wohnungsleerstandes und der Anpassung der technischen und sozialen Infrastruktur zu helfen, wird das Förderprogramm Stadtumbau Ost fortgesetzt und nach einer Zwischenevaluierung entschieden, wie es über 2009 hinaus fortgesetzt werden soll.

Stiftung Baukultur: Die neue Bundesregierung beabsichtigt, gemeinsam mit der Bauwirtschaft ein „Leitbild Bauwirtschaft" als Gesamtrahmen für eine moderne Baupolitik zu entwickeln. Nachdem die Stiftung Baukultur in der letzten Legislaturperiode ausgebremst wurde ist es jetzt im Koalitionspapier fixiert: die Baustiftung des Bundes soll Wirklichkeit werden. Sie soll, so heißt es im Koalitionsvertrag, die Möglichkeiten guten Planens und Bauens als gesellschaftlichen Anspruch für lebendige Städte einer breiten Öffentlichkeit bewusst machen. Darüber hinaus gelte es auch, die hohe Leistungsfähigkeit von Architekten und Ingenieuren in Deutschland auf dem Weltmarkt noch besser darzustellen.

HOAI: Im Abschnitt I.6.8 des Koalitionsvertrages kann man tatsächlich lesen, dass nun endlich auch die HOAI systemkonform (was auch immer das bedeutet) vereinfacht werden soll. Die HOAI soll laut Koalitionsvertrag stärkere Anreize zum kostengünstigen und qualitätsbewussten Bauen verankern. Nachdem die Ingenieure seit Jahren mit den in der HOAI festgelegten nicht auskömmlichen Honoraren arbeiten müssen ist diese Reform längst überfällig. Auch der ZBI setzt sich intensiv für eine vereinfachte, transparente und flexiblere HOAI ein. Die Novelle muss aber nach Auffassung des ZBI die Einkommenssituation der Ingenieure und Architekten auf Grundlage des Expertengutachtens Architekten/Ingenieure 2000plus nachhaltig verbessern.

Bürokratieabbau: Der Bürokratieabbau wird Chefsache: Beim Kanzleramt soll ein mit Fachleuten besetzter Normenkontrollrat eingerichtet werden. Der soll Gesetzesinitiativen von Regierung und Koalitionsfraktionen „auf ihre Erforderlichkeit und die damit verbundenen bürokratischen Kosten" überprüfen. Der Vorsitzende des Rates bekommt das Recht, seine Vorschläge und Kritik direkt bei der Kanzlerin vorzutragen. Als Sofortmaßnahme will die Regierung ein „small-company-act" genanntes Artikelgesetz in den Bundestag einbringen. Damit soll kleinen und mittelgroßen Unternehmen die Statistik- und Berichtspflicht erlassen, Meldepflichten vereinfacht, Planungs- und Genehmigungsprozesse beschleunigt werden.

Dienstrechtsreform: Fest steht jetzt auch, wie mit der Dienstrechtsreform im öffentlichen Dienst weiter umgegangen werden soll. Mittels eines verfassungsändernden Gesetzes soll der Artikel 74a des Grundgesetzes gestrichen und der Artikel 33, Abs. 5 um den Begriff der Fortentwicklung ergänzt werden. Zugleich soll im Artikel 74 bei der Aufzählung der Gegenstände konkurrierender Gesetzgebung als Ziffer 27 die Statusrechte- und -pflichten aller Angehörigen des öffentlichen Dienstes mit der ausdrücklichen Ausnahme der Laufbahnen, Besoldung und Versorgung eingefügt werden.

Mit der Ankündigung, das Beamtenrecht auf der Basis dieser Vorschläge der Föderalismuskommission weiter zu entwickeln, wird auf die Gedanken der Leistungsbezogenheit und des flexiblen Personaleinsatzes verwiesen, die sich im Eckpunktepapier von Ver.di, DBB und BMI finden. Die Koalitionsvereinbarung spricht nun davon, das Eckpunktepapier und den Entwurf des Strukturreformgesetzes in die Überlegungen über ein neues Besoldungsrecht „einzubeziehen". Die Föderalisierung von Besoldungs-, Laufbahn- und Versorgungsrecht macht damit wesentliche Teile des bislang vorliegenden Strukturreformgesetzentwurfes obsolet und stellt die Verbandspolitik des ZBI zusätzlich vor die schwierige Aufgabe, seine Aktivitäten auf Länderebene in Dienstrechtsfragen neu zu beleben. Zunächst allerdings wird der ZBI die Bundesgesetzgebung und damit verbunden die Verfassungsänderungen verfolgen.

Verpflichtung für alle: Bei der Unterzeichnung des Koalitionsvertrages sagte Bundeskanzlerin Angela Merkel,

Aufgabe aller Beteiligten sei es „dafür zu sorgen, dass die Vereinbarung kein Papier bleibt, sondern in den nächsten Tagen, Wochen und Monaten mit Leben erfüllt wird." Dieser Aussage ist nicht hinzuzufügen. Packen wir's an!

Und sie bewegt sich doch!

Januar 2006: Nach der Wahl von Angela Merkel zur Bundeskanzlerin und einem Jahr zwischen Neuanfang und Stillstand, zwischen Hoffnung und Resignation, herrscht jetzt wieder Aufbruchstimmung in Deutschland. [16]

Was wäre das Leben ohne Veränderung? Langweilig und tot. Heutzutage ändert sich eine Menge: in der Technik, Forschung, Entwicklung und in der Gesellschaft. Wer da stehen bleibt, bleibt auf der Strecke.

Mit dem Beginn des neuen Jahres haben wir den Titel, nicht aber die Identität, unserer Zeitschrift geändert: „VDVmagazin" lautet der neue Name. Damit wollen wir das zum Ausdruck bringen, was die Zeitschrift inhaltlich prägt und wofür sie in der gesamten Fachwelt Anerkennung genießt: kompetente Fachartikel aus den Bereichen Geoinformation und Vermessung, Produktinfos, Bücher, Software, Nachrichten aus den Hochschulen und vieles mehr. Kurz: ein hochaktuelles und fachlich interessantes Magazin. Ergänzend dazu in bewährter Weise das „VDVmagazinPlus" mit den Verbandsnachrichten. Wir sind der Überzeugung, dass sich damit jetzt auch im Titel der Inhalt widerspiegelt. Und nebenbei: der VDV hat auch viele Geoinformatiker als Mitglieder, welche sich durch den alten Titel nicht angesprochen fühlten. Nach 15 Jahren „FLUCHTSTAB" und 40 Jahren „DER VERMESSUNGSINGENIEUR" nun also das „VDVmagazin". Ich wünsche dem neuen Titel eine lange und glückliche Zukunft.

Die Bundestagswahl liegt nun schon ein paar Monate hinter uns und die Regierungskoalition hat versprochen, sich der vielen Probleme ernsthaft anzunehmen. Mit dem „Leuchtturmprojekt" Galileo hat eine für unseren Berufsstand wichtige Technologie es sogar in den Koalitionsvertrag geschafft – und der erste Satellit ist auch schon oben. Auch die Konjunkturprognosen sehen nicht mehr ganz so düster aus: Zwar solle das voraussichtliche Wachstum noch keinen Beschäftigungsboom auslösen, so die Meinung der Experten, aber zumindest sei die Saat für neue Arbeitsplätze gelegt. Deutschland leidet sicherlich nicht an Ideenmangel. Das zeigt allein schon die hohe Zahl von Innovationen, die Jahr für Jahr von findigen Tüftlern zum Patent angemeldet werden. Oft hakt es aber bei der Umsetzung dieser Ideen bis hin zur Vermarktung und zum Einsatz des fertigen Produkts. Wie erfolgreich ein Land in diesem Prozess ist, hängt aber nicht nur vom Forschungsaufwand ab, wichtig sind auch die wirtschaftlichen Rahmenbedingungen, die problemlose Bereitstellung von Risikokapital sowie das Vorhandensein und die Qualifikation des Personals. Die meisten Experten sehen gute Chancen, dass die deutsche Wirtschaft 2006 auf einen nachhaltigen Aufschwungspfad einschwenkt. Die Konjunktur in Deutschland steht nach Ansicht führender Wirtschaftsinstitute zunehmend auf eigenen Füßen. Vor allem die Investitionen in Ausrüstungsgüter haben zuletzt kräftig angezogen. Aber auch in der Bauwirtschaft sehen die Fachleute Anzeichen für eine Belebung.

Bundeskanzlerin Merkel hat die Bürgerinnen und Bürger zum Jahreswechsel zu einer gemeinsamen Kraftanstrengung aufgerufen, um das Land wieder voranzubringen: „Überraschen wir uns damit, was möglich ist und was wir können! Lassen Sie uns unser Land gemeinsam nach vorn bringen. Mit Mut und Menschlichkeit." Dem ist nichts hinzuzufügen. Packen wir's an!

2007: Reformen et al.

Januar 2007: Während der Fußball-WM im vergangenen Jahr fühlten sich viele Deutsche noch wie im Sommermärchen. Die aktuelle Politik der Großen Koalition hingegen bietet weniger Anlass zur Euphorie und krankt am Dauerstreit über das Wie der notwendigen Reformen. [17]

Vor gut einem Jahr wurde der erste Test-Satellit für das europäische Navigationssystem Galileo in den Orbit geschossen. Im Herbst hätte dann der zweite folgen sollen, doch technische Defekte verzögern den Start in dieses Jahr. Nicht viel besser sieht es mit den Verhandlungen zwischen dem Galileo Joint

Undertaking (GJU) und dem zukünftigen zivilen Betreiber, der Galileo Operating Company (GOC) bzw. der Galileo Supervisory Authority (GSA), aus. An sich sollten die Verträge schon unter Dach und Fach sein, jedoch ziehen sich die Verhandlungen, insbesondere über die Risiko-Beteiligung, hin. Und schließlich streiten sich noch ein Dutzend EU-Staaten darum, wo die neue GSA ihren Sitz haben soll. Das Problem müssen wir Deutschen lösen, denn seit Januar liegt die EU-Ratspräsidentschaft bei uns.

Angesichts der immensen anderen Strukturprobleme in Deutschland ist Galileo wohl nur ein Randproblem, was sich zudem noch relativ leicht lösen lässt. Positiv hingegen: Deutschland ist im vergangenen Jahr in vielen Bereichen ein gutes Stück vorangekommen. Die wirtschaftlichen Rahmendaten sehen so gut aus wie schon lange nicht mehr. Die Bundesregierung hat im vergangenen Jahr vor allem mit der Föderalismusreform einen gewichtigen politischen Eckpunkt gesetzt. Damit knüpft sie an die historisch wichtige Kurskorrektur der früheren Bundesregierung an, die unter dem Titel Agenda 2010 stand. Die notwendige grundlegende Erneuerung Deutschlands aber ist damit noch nicht geschafft. Da stehen wir erst am Anfang. Wir haben indessen allen Grund, uns über den starken Wirtschaftsaufschwung zu freuen. Gleichwohl ist dies kein Grund, sich schon wieder zurückzulehnen. Es gilt den Schwung zu nutzen, um weiter voranzukommen. Dazu bedarf es weiterer Reformen. Reformen, die ihren Namen verdienen und – wichtig – von der Bevölkerung auch getragen werden.

Als Negativbeispiel nenne ich hier die Gesundheitsreform, die ihren Namen nun wirklich nicht verdient. Die Politik muss mit dem Thema Reform nicht von vornherein scheitern, aber man braucht überzeugende Erklärungen, was sich warum in Deutschland ändern sollte, was der weltweite Wandel für uns bedeutet, und welche Chancen er für uns birgt. Es braucht eine große Anstrengung der Gesellschaft insgesamt, unseren Wohlstand zu halten, und eine noch größere, ihn weiter zu steigern.

Dem Land mangelt es weder an Ideen noch an Bürgern, die bereit sind, sie umzusetzen. Und genau diese Bürger sollten ein Mehr an Mitbestimmung und Partizipation erlangen, indem sie besser informiert und in Entscheidungen mit eingebunden werden. Damit werden die Ziele auf ein anderes Niveau gehoben; es geht dann um die Entwicklung eines europäischen Politikverständnisses. Vor diesem Hintergrund kann man den notwendigen Veränderungsprozess als moderne Reformation interpretieren. Die vergangenen Monate haben gezeigt: Reformen zahlen sich aus. Aber sie gelingen nur gemeinsam. Wenn es uns gelingt, alle auf einem gemeinsamen Weg mitzunehmen, können wir einer guten Zukunft entgegensehen.

Ingenieure braucht das Land!

Juni 2007: Der wirtschaftliche Aufschwung spiegelt sich auch auf dem Arbeitsmarkt wider: Die Bundesagentur für Arbeit registriert den größten Job-Aufschwung seit sieben Jahren. [18]

Die deutsche Ingenieurausbildung der Hochschulen gilt – nach wie vor – als weltweit führend. Dies ist das Fazit einer im März 2007 veröffentlichten Studie der Boston Consulting Group zu den Perspektiven des Wirtschaftsstandorts Deutschland aus Sicht US-amerikanischer Unternehmen [19]. Sowohl im internationalen Vergleich als auch im Vergleich zu anderen Qualifikationen zeigt sich in dieser Studie die exponierte Bedeutung deutscher Ingenieure für die Unternehmen. Gleichzeitig konstatieren die Unternehmen jedoch einen aktuell vorhandenen Engpass im Bereich der Verfügbarkeit von Ingenieurabsolventen, welcher sich negativ auf die Wettbewerbsfähigkeit auswirkt. Auch deutsche Unternehmen bestätigen immer wieder diese Ergebnisse einer Außensicht auf den Innovationsstandort Deutschland. Aufsehen erregte die Ankündigung eines Großunternehmens, man könne mehrere hundert offene Ingenieurstellen angesichts fehlender Bewerber nicht besetzen und müsse entsprechend im Ausland rekrutieren [20]. Alleine im April 2007 meldet die Bundesagentur für Arbeit einen Bestand von fast 13.500 offenen Stellen für Ingenieure und ingenieurähnliche Berufsgruppen [21]. Bedenkt man, dass der Bundesagentur für Arbeit erfahrungsgemäß lediglich jede dritte offene Stelle gemeldet wird [22], so ist von einer deutlich höheren Zahl auszugehen. Zusammengenommen deuten die vorgenannten Einzelevidenzen darauf hin, dass sich die Unternehmen in Deutschland aktuell mit einem gravierenden Ingenieurmangel konfrontiert sehen. Damit dürfen wir uns nicht abfinden. Qualifizierung und Weiterbildung – auch für Ältere - sind hierbei der Schlüssel. Selbst in einem festen Arbeitsverhältnis ist es notwendig, sich aktiv um Weiterbildung zu bemühen, um immer auf dem aktuellen Sach- und Leistungsstand zu sein. Nur so ist man selbst auch für Arbeitgeber unentbehrlich und interessant.

Viele der arbeitslosen Ingenieure bleiben draußen. Die meisten von ihnen sind über 45 Jahre alt. In Bewerbungsverfahren erhalten sie viel zu selten eine Chance. Das gilt auch für Frauen. Die ideale Besetzung scheint vielen Betrieben der junge, männliche Ingenieur mit Berufserfahrung zu sein. Durch dieses eingeschränkte Denken werden Chancen vergeben. Das können wir uns nicht leisten, nicht betriebswirtschaftlich und nicht als Volkswirtschaft.

Die Unternehmen in Deutschland blicken derzeit recht optimistisch in die Zukunft. Die Firmen rechnen überwiegend mit einer steigenden Produktion und auch der für uns so wichtige Baubereich scheint sich zu erholen. Zudem ziehen die Investitionen merklich an. In der Tradition der so genannten endogenen Wachstumstheorie [23] belegen zahlreiche Studien die Bedeutung des technischen Humankapitals als Treiber des technischen Fortschritts für das Wachstum und die Wettbewerbsfähigkeit einer Volkswirtschaft. Sowohl die ökonomischen Modelle als auch die empirischen Studien belegen dabei eine Wirkungskette derart, dass Forschung und Entwicklung in den Unternehmen zu Innovationen, die Diffusion von Innovationen zu technologischem Fortschritt und dieser wiederum zu ökonomischem Wachstum führt.

Wo befinden wir Vermessungsingenieure uns in diesem Komplex? Wo platzieren wir unsere Dienstleistungen und unsere Produkte? Lassen Sie mich das am Beispiel „Geoinformationen" deutlich machen: Geoinformationen sind eine wesentliche Komponente der Wissensbasis für staatliche Einrichtungen und die Wirtschaft: Sie dienen als Rohstoff für Wirtschaft, Verwaltung und Wissenschaft, zum Beispiel in der Fahrzeugnavigation, in Logistik und Transport, in der Immobilienberatung, sie dienen dem Katastrophenschutz, der Planung und Dokumentation von Trassen für Leitungen und Verkehrswege oder auch der Netzplanung im Mobilfunk. Diese Aufzählung ist durchaus nicht abschließend, sie macht aber deutlich, dass es sich hier um hochmoderne und zukunftsträchtige Ingenieurleistungen bei der Herstellung, Veredelung und Vermarktung von Geodaten handelt. Die wirtschaftliche Bedeutung von Geodaten ist beachtlich: In einer vom Bundeswirtschaftsministerium beauftragten und schon vielfach zitierten Studie wurde 2003 das Wirtschaftspotential allein staatlicher Geoinformationen in Deutschland mittelfristig auf acht Milliarden Euro geschätzt, wovon seinerzeit erst 15 Prozent erschlossen waren [24]. Allein in den ersten

Jahren nach Aktivierung eines deregulierten Geoinformationsmarktes könnten laut dieser Untersuchung bis zu 13.000 neue Arbeitsplätze in den unterschiedlichsten Branchen entstehen.

Weitere Möglichkeiten können an dem europäischen Satelliten-System Galileo deutlich gemacht werden. Bei ca. 3,5 Milliarden Euro Investition wird der Ertrag auf bis zu 74 Milliarden Euro geschätzt. In den letzten Wochen war es nicht nur in der Fachpresse ein Thema, dass das Galileo-Projekt als Public-Private-Partnership gescheitert ist. Nach Jahren des politischen Gezerres hat die Industrie – die zu Beginn ganz wild darauf schien, sich mit gut 2 Milliarden Euro eigenem Geld an Aufbau und Betrieb des Systems zu beteiligen – einen Rückzieher gemacht. Die Gründe für diesen Gesinnungswandel sind typisch europäische: politische Konfliktscheu auf der einen, kompromisslos durchgesetzte nationale Interessen auf der anderen Seite sowie Risikoscheu bei der Industrie. EU-Verkehrskommissar Jacques Barrot hat nunmehr vorgeschlagen, das System Galileo komplett in öffentlicher Regie aufbauen lassen. Die endgültige Entscheidung hierüber wollen die Verkehrsminister der 27 EU-Mitgliedsstaaten voraussichtlich noch im Juni dieses Jahres treffen.

An diesen Beispielen wird sicherlich deutlich, dass Geodaten zu einem entscheidenden Wirtschaftsgut geworden sind. Bislang aber bleibt die Erschließung dieses Wirtschafts- und Arbeitsplatzpotenzials noch weit hinter den Möglichkeiten zurück. Um die noch bestehenden Hemmnisse zu beseitigen und die Potenziale des Geoinformationsmarktes zu erschließen, muss die Politik ihre Führungsrolle noch stärker wahrnehmen und neue Impulse für diesen Markt setzen.

Positiv zu erwähnen ist an dieser Stelle, dass nach vielen Jahren der Diskussion und Verhandlungen vom Europäischen Parlament (endlich) die sogenannte INSPIRE-Richtlinie, zur Schaffung einer Geodateninfrastruktur in der Europäischen Gemeinschaft verabschiedet wurde (INSPIRE = Infrastructure for Spatial Information in Europe) [25]. Diese Richtlinie zielt auf die europaweite Verfügbarmachung von harmonisierten und qualitativ hochwertigen Geodaten zur Unterstützung der Umsetzung und Bewertung europäischer und nationaler Politikfelder. Als plakative Beispiele dafür wären z.B. Überflutungen oder andere grenzüberschreitende Katastrophen zu nennen, bei denen eine gemeinsame Geodateninfrastruktur als Entscheidungsgrundlage von lebenswichtiger Bedeutung ist. Das INSPIRE-Arbeitsprogramm zum Aufbau der Geodateninfrastruktur in Europa enthält durchzuführende Maßnahmen und zeitliche Vorgaben für die EU-Mitgliedstaaten (einschließlich deren Bundesländer) bereits bis 2014. Und: binnen 2 Jahren ist diese Richtlinie in nationales Recht zu überführen.

Ich möchte es bei diesen Beispielen bewenden lassen. Entscheidend ist: Die Globalisierung der Wirtschaft mit nahezu ungehemmtem Austausch von Wissen, Kapital und Menschen und damit der weltweite Wettbewerb werden künftig die bestimmenden Faktoren unseres beruflichen Umfeldes sein. Wettbewerb bedeutet u.a.

Kosten zu reduzieren und stets an der Spitze von technischen Entwicklungen stehen zu müssen. Dem müssen sich alle stellen, sei es nun der freie Beruf, der öffentliche Dienst, oder auch die Hochschulen mit der Umstellung auf die Bachelor-Master-Struktur.

Richten wir also den Blick nach vorn. Versuchen wir visionär zu sein. Es sind schließlich in einem ganz bedeutenden Maße auch die Ingenieurinnen und Ingenieure, die mit ihrer Qualifikation und ihrer Leistung über die Wettbewerbsfähigkeit der Unternehmen und des Landes entscheiden. Deutschland hat von den Ideen und der Leistungskraft seiner technischen Intelligenz seit jeher profitiert. Immer wenn es darum ging, den Standort mit Innovationen voran zu bringen und damit für Wachstum zu sorgen, waren Ingenieurinnen und Ingenieure unverzichtbar – und das wird auch in Zukunft so sein.

Wege entstehen dadurch, dass man sie geht

Januar 2008: Die Wirtschaft floriert und Deutschland ist auf dem Weg in eine Wissens- und Informationsgesellschaft. Von der damit verbundenen Expansion anspruchsvoller, Dienstleistungstätigkeiten profitieren Akademiker am meisten. Der Bedarf an Hochqualifizierten steigt. [26]

Die deutsche Ingenieurausbildung der Hochschulen gilt – nach wie vor – als weltweit führend. Dies ist das Fazit einer kürzlich veröffentlichten Studie der Boston Consulting Group zu den Perspektiven des Wirtschaftsstandorts Deutschland aus Sicht US-amerikanischer Unternehmen [19]. Sowohl im internationalen Vergleich als auch im Vergleich zu anderen Qualifikationen zeigt sich in dieser Studie die exponierte Bedeutung deutscher Ingenieure für die Unternehmen.

Gleichzeitig konstatieren die Unternehmen jedoch einen aktuell vorhandenen Engpass im Bereich der Verfügbarkeit von Ingenieurabsolventen, welcher sich negativ auf die Wettbewerbsfähigkeit auswirkt. Zusammen genommen deuten derzeit alle Einzelevidenzen darauf hin, dass sich die Unternehmen in Deutschland in vielen Bereichen mit einem gravierenden Ingenieurmangel konfrontiert sehen. Damit dürfen wir uns nicht abfinden. Qualifizierung und Weiterbildung – auch für Ältere – sind hierbei der Schlüssel. Selbst in einem festen Arbeitsverhältnis ist es notwendig, sich aktiv um Weiterbildung zu bemühen, um immer auf dem aktuellen

Sach- und Leistungsstand zu sein. Nur so ist man selbst auch für Arbeitgeber unentbehrlich und interessant.

Viele der arbeitslosen Ingenieure bleiben draußen. Die meisten von ihnen sind über 45 Jahre alt. In Bewerbungsverfahren erhalten sie viel zu selten eine Chance. Das gilt auch für Frauen. Die ideale Besetzung scheint vielen Betrieben der junge, männliche Ingenieur mit Berufserfahrung zu sein. Durch dieses eingeschränkte Denken werden Chancen vergeben. Das können wir uns nicht leisten, nicht betriebswirtschaftlich und nicht als Volkswirtschaft.

Um sich im internationalen Wettbewerb erfolgreich behaupten zu können, braucht Deutschland mehr exzellent ausgebildete Fach- und Führungskräfte; qualifizierte und innovative Persönlichkeiten sind das beste Argument für den Standort Deutschland.

Richten wir also den Blick nach vorn. Es sind schließlich in einem ganz bedeutenden Maße auch die Ingenieurinnen und Ingenieure, die mit ihrer Qualifikation und ihrer Leistung über die Wettbewerbsfähigkeit der Unternehmen und des Landes entscheiden. Deutschland hat von den Ideen und der Leistungskraft seiner technischen Intelligenz seit jeher profitiert. Immer wenn es darum ging, den Standort mit Innovationen voran zu bringen und damit für Wachstum zu sorgen, waren Ingenieurinnen und Ingenieure unverzichtbar – und das wird auch in Zukunft so sein.

Ingenieure für eine zukunftsfähige Gesellschaft

November 2008: Mit dem Slogan „Yes we can" und seiner Botschaft vom Wandel – „Change" – hat Barack Obama die Mehrheit der amerikanischen Wähler für sich gewinnen können. In Deutschland schnürt die Regierung derweil Rettungspakete für strauchelnde Banken und die lahmende Konjunktur. [27]

Der Berufsstand der Ingenieure verdient politisch und gesellschaftlich eine noch größere Aufmerksamkeit. Das kann sicherlich jeder von uns uneingeschränkt bejahen. Aber welche Bedeutung kommt dem Auftreten von berufsständischen Organisationen der Ingenieure heute denn zu und welche Rückschlüsse können wir daraus ziehen? Einfluss und Interessen unseres gemeinsamen Berufsstandes, sollen sie erfolgreich zum Wirken gebracht werden, müssen meines Erachtens in organisierter Form in den gesellschaftlichen Meinungsbildungsprozess eingebracht werden. Die Zusammenarbeit aller Verbände, wie z.B. im Zentralverband der Ingenieurvereine ZBI, eröffnet sehr viele weitergehende Möglichkeiten zur Umsetzung unserer gemeinsamen berufspolitischen und fachlichen Prämissen. Gerade aufgrund des Föderalismus in unserem Land gewinnt ein unter den Verbänden abgestimmtes Handeln extrem an Bedeutung. – Und wir müssen uns abstimmen und organisieren, ansonsten wir bzw. unsere Interessen in der politischen Diskussion als bedeutungslos eingestuft werden. Als Einzelverbände sind wir, insbesondere auf Landesebene, einfach nicht stark genug.

Ingenieurinnen und Ingenieure mit ihrem Wissen stellen heute ein extrem wichtiges Kapital der hoch entwickelten Gesellschaften dar. Ihre Zukunftsaufgabe besteht zu einem erheblichen Teil darin, eine immer höhere Lebensqualität mit immer weniger Rohstoffen zu gewährleisten. Aktuelle Studien haben gezeigt, dass moderne Gesellschaften ihren Wohlstand vermehrt aus Know-how und intellektuellen Fähigkeiten erwirtschaften. Die Schlüsselgröße für ökonomische Wettbewerbsfähigkeit bilden also nicht möglichst große Bestände an Rohstoffen oder sonstigen natürlichen Ressourcen, ja nicht einmal mehr Lohnkostenvorteile sind entscheidend. Vielmehr kommt es auf die Fähigkeit an, kreative Fähigkeiten anzuziehen, hervorzubringen und zu mobilisieren, denn sowohl Technologie als auch die talentierten und kreativen Menschen, die sie hervorbringen, sind hochmobile wirtschaftliche Ressourcen.

Es sind anerkanntermaßen vor allem kreative Gesellschaften, die vorhandenes Wissen am besten und schnellsten zu neuen, lukrativen Produkten und Dienstleistungen kombinieren können. Voraussetzung für diese „kreative Wirtschaft" ist nach dem amerikanischen Wirtschaftswissenschaftler Richard Florida, der die dazugehörige Theorie begründet hat, eine Gesellschaft, in der sich gleichermaßen Talente, Technologie und Toleranz entfalten können. Ob Potenziale entstehen und sich auch entfalten können, hängt unter anderem auch von den politischen, gesetzlichen und sozialen Rahmenbedingungen ab – etwa von der Wirtschaftsförderung oder vom Maß an Bürokratie, aber eben auch von der Zahl der kreativen Köpfe.

Woody Allen wird das Zitat zugeschrieben: „Ich denke viel an die Zukunft, weil das der Ort ist, wo ich den Rest meines Lebens zubringen werde." Wer dieses Motto ernst nimmt, landet natürlich schnell bei den Fragen nach den Visionen für eine Gesellschaft.

Die Fragen, woran sich Politik, Wirtschaft, Gesellschaft und der oder die Einzelne ausrichten, sind immer in Umbruchzeiten besonders griffig. „Klimawandel" ist so ein Megatrend, der nach Maßstäben, nach Orientierung, nach Sitte und Anstand fragen lässt. Der Begriff „Klimakatastrophe" ist in neuerer Zeit dadurch zum Schlagwort geworden. Es gibt heute nicht mehr viele Menschen, die die Bedrohungen – oder für Optimisten auch Herausforderungen – in Frage stellen, denen sich die Menschheit gegenübersieht. Die offiziellen Institutionen haben sich überwiegend den Auffassungen der Gesellschaftskritiker angeschlossen und bekräftigt, dass die derzeitige Entwicklung nicht länger vertretbar ist und dass wir ins Verderben laufen, wenn nicht endlich tief greifende Veränderungen vorgenommen werden.

Aber welche? Brauchen wir mehr oder weniger internationalen Handel, Marktwirtschaft, welche sozialen Praktiken sollten verstärkt oder verhindert werden? Drängende Themen entwickelter Industriestaaten – nachhaltige Ökonomie, Klimaschutz, demografischer Wandel, Zukunft der Bildung oder der sozialen Balance – sind hochkomplexe öffentliche Fragen. Und obwohl diese uns direkt betreffen, wird der Beitrag des Berufsstandes der Ingenieure zu ihrer Beantwortung nicht immer sichtbar.

Der Klimawandel ist derzeit in aller Munde und wird häufig als das größte Problem des 21. Jahrhunderts bezeichnet. Längst hat sich auch der Klima- und Umweltschutz von seinem früheren rein ökologischen Umfeld gelöst und steht nun im Zentrum wirtschaftspolitischer Diskussionen. Das zentrale Problem wird von Fachleuten im raschen Bevölkerungswachstum der Industrienationen und dem daraus resultierenden Verbrauch einer schier unübersehbaren Menge an Energie und Rohstoffen gesehen. Plötzlich steht damit also das Klimaproblem ganz oben auf der politischen Agenda, aber eben nicht nur aus Gründen des Umweltschutzes sondern auch, weil weltweit die Sorge um den Energienachschub wächst. Mehr als je zuvor sind deshalb gerade die Ingenieure bei ihrer Arbeit gefordert, die Wechselwirkungen von Mensch, Technik und Umwelt einzubeziehen und Ökologie und Ökonomie zu verbinden.

Schon immer hat gegolten, dass der Mensch nicht alles darf, was er kann. Das gilt natürlich auch unabhängig von Technik. Seit den Anfängen menschlicher Kultur haben Moral und Sitte den Raum möglicher Handlungen zu dem Raum möglicher und legitimer Handlungen eingeschränkt. Moral erleichtert Entscheidungen über Handlungsabläufe und stellt Handlungsregeln bereit, die das Leben in den allermeisten Situationen erheblich vereinfachen. Problematisch wird es immer dann, wenn es nicht nur mehrere Handlungsmöglichkeiten gibt, sondern auch verschiedene Orientierungsmöglichkeiten für deren Entscheidung. Ethik hat, als Reflexionstheorie von Moral, „die jeweils herrschende Moral kritisch zu prüfen sowie Formen und Prinzipien rechten Handelns zu begründen", sagt dazu der Tübinger Philosoph Otfried Höffe. [28] Erschwert wird diese ethische Reflexion allerdings durch die Tatsache, dass die Konsequenzen von Handlungen heute sehr viel schwieriger zu übersehen sind als früher, was im Wesentlichen zwei Gründe hat:

Zum einen lassen sich die Folgen einzelner, im Gesamtkontext technischen Handelns vorgenommenen Handlungen aufgrund der Arbeitsteiligkeit unserer Gesellschaften mitunter schwer überblicken. Technik wird entwickelt und eingesetzt, um bestimmte Ziele zu verwirklichen. Diese Ziele werden aber in einer arbeitsteiligen und technisierten Welt nicht mehr von einem einzelnen Akteur erreicht, sondern erfordern die Kooperation und Vermittlung zahlreicher Handelnder. Unter diesen Bedingungen ist das technische Agieren meist das Ergebnis einer Kette von Aktionen und Handlungen Einzelner.

Zum anderen sind die Folgen technischen Handelns aufgrund verschiedenster, zum Teil weltweiter Vernetzungen oft nicht genau zu kalkulieren. Es ist geradezu zum Zeichen der Zeit geworden, dass verschiedenste Regionen unseres Planeten sowie verschiedenste Sektoren, Bereiche und Akteure unserer Gesellschaften vernetzt werden, was mit dem Stichwort Globalisierung nur unvollkommen beschrieben wird. Realsymbole für diese Vernetzung sind z.B. das Internet und die neuen Kommunikationstechnologien. Doch auch durch Massentourismus oder zwischenstaatliche Assoziationen (zum Beispiel Europäische Union) wachsen verschiedenste Regionen der Erde sowie verschiedenste gesellschaftliche Bereiche zu einem globalen System zusammen. Typisch für eine Vernetzung verschiedener Sub-Systeme ist übrigens die Möglichkeit von Rückkopplungen und chaotischem Verhalten, bei dem ja auch kleinste Ursachen bekanntlich sehr große Wirkungen haben können und wodurch die Vorhersage zukünftiger Entwicklungen schwierig, wenn nicht unmöglich wird.

Obgleich es selbstverständlich immer schon unmöglich war, sämtliche Folgen einer Handlung in die ethische Reflexion einzubeziehen, sind die Folgen technischen Handelns in unserer hochgradig vernetzten und komplexen Welt ungleich schwieriger abzuschätzen als früher. Alle wollen eine bestimmte Technologie, aber keiner will die unerwünschten Begleiterscheinungen spüren müssen. Das Ausmaß der Nebenfolgen technischen Handelns hat in den letzten Jahren und Jahrzehnten aber derart zugenommen, dass diese in der Summe zu einem globalen Wandel, zu einer dauerhaften Veränderung der Lebensbedingungen im Kultur-Naturraum Erde führen. Die zentrale Leitfrage, die an dieser Stelle sicherlich nicht beantwortet werden kann, könnte man demnach wie folgt formulieren: Welche Techniken leisten unter welchen Bedingungen welchen Beitrag zu einem guten Leben in einer zukunftsfähigen Gesellschaft auf einer lebenswerten Erde?

Wenn wir Ingenieure und Naturwissenschaftler die Entwicklungspotenziale unserer Fachdisziplinen noch besser vermitteln wollen, wenn wir unseren Berufsstand politisch und gesellschaftlich mehr in den Vordergrund rücken wollen, dann müssen wir auch Themenfelder besetzen, uns damit auseinandersetzen und gemeinsam mit Inhalten füllen. Und dazu müssen wir uns – und jetzt wiederhole ich mein Eingangsstatement – und dazu müssen wir uns als Verbände gemeinschaftlich organisieren, ansonsten wir bzw. unsere Interessen in der politischen und gesellschaftlichen Diskussion als bedeutungslos eingestuft werden.

60 Jahre VDV

Januar 2009: Das 60jährige Jubiläum steht im Fokus der diesjährigen Verbandsarbeit. Höhepunkt des (VDV-)Jahres ist ohne Zweifel die Eröffnung der Bundesmitgliederversammlung in der wiedererrichteten Frauenkirche zu Dresden. [29]

Der VDV wird in diesem Jahr 60 Jahre alt. Ein Jubiläum wie dieses fordert geradezu dazu heraus, den Blick in die Vergangenheit zu richten und sich die – fast schon philosophische und an dieser Stelle kaum zu beantwortende – Frage zu stellen: Wo kommen wir her und wo gehen wir hin? Verbände sind in unserer pluralistischen Gesellschaft anerkanntermaßen ein wichtiger Bestandteil für den Prozess der politischen Willensbildung. Die Ursprünge des VDV und seine im Kontext der vergangenen Jahrzehnte bewiesene Wirksamkeit waren und sind deshalb stets durch den Anspruch geprägt, dass die Bedeutung des Vermessungswesens wie auch der Geoinformatik im Bewusstsein und im Handeln von Gesellschaft, Politik, Verwaltung und Wirtschaft nachhaltig verankert werden sollte.

Heute, 60 Jahre nach seiner Gründung, ist der VDV ein in der Fachwelt (und nicht nur dort!) national wie auch international etablierter und gefragter Gesprächspartner. Die ehemals doch sehr ausgeprägte Konkurrenz zwischen den verschiedenen Organisationen der „Vermessungswelt" ist einer konstruktiven, auf gegenseitigem Respekt beruhenden, Zusammenarbeit gewichen und hat im vergangenen Jahr mit der „Bremer Erklärung" nahezu aller in der Geo-Branche agierenden Vereine ein neues Gesprächsniveau erreicht.

Interoperabilität lautet der entsprechende Fachterminus dazu, der aber in diesem Fall nicht nur die technische Wechselbeziehung beschreibt, sondern durchaus auch auf die kommunikative Interaktion und künftige Zusammenarbeit der Verbände angewendet werden kann. Das gemeinsame berufsständische Engagement, so wie es sich derzeit entfaltet, ist weit mehr als nur fachbezogenes wirtschaftliches Handeln, denn es stiftet kollektiven Sinn, erweitert Chancen und eröffnet neue gesellschaftliche Perspektiven, so wie es die Gründerväter des VDV einst beabsichtigt haben.

Lassen Sie uns in diesem Sinne gemeinsam weiterarbeiten.

Branche mit Wachstumspotenzial

Februar 2010: Zwei Jahre zuvor, im Dezember 2007 traf ich mich mit dem DVW-Präsidenten in Hamburg zu einem ersten vertraulichen Gespräch, um zu beraten, wie innerhalb der Geodäsie intensiver zusammenarbeitet werden könne. Die Gespräche wurden in lockerer Folge fortgesetzt und jetzt, im Februar 2010 gibt es in Siek/Schleswig-Holstein das erste offizielle Treffen der Vertreter von BDVI, DVW und VDV. [30]

Der Standort Deutschland wird vor allem aufgrund seiner guten Infrastruktur, der hohen Qualitätsstandards und der zentralen Lage in Europa geschätzt. Dem gegenüber stehen ungünstige Faktoren wie hohe Unternehmenssteuern, langwierige Genehmigungsverfahren, hohe Preise für den Energiebezug und vor allem hohe Lohn- und Arbeitskosten. Für die wirtschaftliche Zukunft Deutschlands wird es daher entscheidend sein, den Qualitätsvorsprung in wichtigen Kernbranchen zu behaupten. Hierbei geht es vor allem um Produkte, die in der Wertschöpfungskette eine besonders wichtige Rolle spielen, eine hohe Variantenvielfalt aufweisen und mit einer hohen Wissensintensität einhergehen.

Geodaten sind in diesem Zusammenhang als ein ganz entscheidendes Wirtschaftsgut zu betrachten und demzufolge ist auch die Geoinformationsbranche eine Branche mit einem enormen Wachstumspotenzial. Selbstverständlich freuen wir uns über die von Wirtschaftsfachleuten vorhergesagte positive wirtschaftliche Entwicklung. Die Rahmendaten sehen gut aus. Gleichwohl ist dies kein Grund, sich schon wieder zurückzulehnen. Es gilt den Schwung zu nutzen, um weiter voranzukommen. Dazu bedarf es weiterer Reformen. Reformen, die ihren Namen verdienen und – wichtig – von allen mitgetragen werden.

Qualifikation, Kompetenz und auch Veränderungsbereitschaft sind wichtige Voraussetzungen für gelungene Reformprozesse und notwendig, um sich am Markt zu behaupten. Die gilt für Unternehmen ebenso wie für den Einzelnen. Innovationen waren uns Vermessungs- und Geoinformationsingenieuren natürlich nie fremd. Ein wichtiger Aspekt von Innovationen ist, dass sie sich – auch wirtschaftlich – positiv auf Unternehmen auswirken. Und wir brauchen Innovationen, um die zukünftigen Herausforderungen unserer Gesellschaft zu bewältigen. Hier sind wir alle gefordert. Lassen Sie uns in diesem Sinne gemeinsam daran arbeiten.

Gemeinsame Verantwortung

Februar 2011: Während die Proteste um Stuttgart 21 noch nachklingen und der Begriff „Wutbürger" zum Wort des Jahres avanciert, koordinieren die drei Geodäsieverbände ihre Zusammenarbeit im Bereich Bildung. Zur Erinnerung ein Zitat aus meinem Artikel vom Dezember 1993 [2]: „Wir müssen von der Vorstellung eines kleinen Vereins Abstand nehmen und uns mit einer gewissen Professionalität unserer Weiterbildungsarbeit widmen." [31]

Die Seele sehnt sich danach, etwas zu schaffen", bemerkte schon der römische Politiker Cicero als aufmerksamer Beobachter seiner Zeit. Den Seelen ist dieser Anspruch noch immer eigen. Doch wie wird mit diesem Anspruch, den jeder Mensch in sich trägt, umgegangen? Wann wird er wirklich sinnvoll umgesetzt? Und wie verhält es sich dann mit den Werten der Ansprüche? Seit es Menschen gibt, stellt sich die Frage nach Werten. Wie sollen wir miteinander leben? Fragen, die man sich zumeist eher theoretisch stellt und trotzdem praktisch beantworten sollte.

Wirtschaftsunternehmen formulieren beispielsweise, ebenso wie andere Organisationen auch, Leitbilder. In diesen sind Werte häufig in einer so genannten „Firmenphilosophie" fest verankert. Diese wird zumeist wie ein Mantra wiederholt, ohne häufig tatsächlich lebendig zu sein und im erhofften Anspruchssinn zu wirken. Dabei ist es doch die eigentliche Aufgabe der Philosophie, das Wesen der Dinge zu hinterfragen, Nichtfunktionierendes infrage zu stellen und das eigene Handeln und Tun, mithin also auch den eigenen Anspruch, kritisch zu prüfen.

Eines unserer aktuellen berufsständischen Ziele ist es das Gesamtpotenzial der Vereine und Verbände unseres Berufsstandes noch mehr zu bündeln. Die Führungsspitzen von BDVI, DVW und VDV haben sich in Fortsetzung der Bremer Erklärung Anfang vergangenen Jahres im Sieker 7-Punkte-Programm zu der gemeinsamen Verantwortung bekannt, das Berufsfeld der Geodäsie als Ingenieurdisziplin gemeinsam zukunftsfähig zu entwickeln. Und im November schließlich trafen sich Vertreter der drei Verbände, um ganz konkret über Verbesserungen der Seminarangebote, deren Organisation und Konditionen zu sprechen.

Die traditionellen Trennlinien zwischen den Verbänden haben sich in den letzten Jahren rasant verändert. Ein hochkomplexes Netzwerk ist an deren Stelle getreten. Diese Entgrenzung, um in unserem Fachjargon zu bleiben, verändert natürlich auch das Angebot der Verbände inhaltlich in fundamentaler Art und Weise. Lassen Sie uns auch in diesem Jahr, ganz Sinne des Eingangszitates, gemeinsam an der lebendigen Weiterentwicklung unseres Berufsstandes weiterarbeiten.

You'll never walk alone!

Januar 2012: Arabischer Frühling, Fukushima, die Euro-Krise und die Guttenberg-Affäre: Das Vorjahr hat uns wie kaum ein Jahr zuvor in Atem gehalten. Mut machen ist angesagt. [32]

Ingenieure leisten nicht nur Enormes für die Gesellschaft, sie sind auch ein bedeutender Arbeitgeber. Sie erbringen Leistungen, die unerlässlich sind für das Wachstum unserer Wirtschaft, für die Entwicklung der Gesellschaft und für das Gemeinwohl insgesamt. Die Geoinformationstechnologie wie auch die Planungs- und Baubranche ist ein gewaltiger Wirtschaftsfaktor (nicht nur) in unserem Land. Wir Fachleute wissen es und wiederholen es wie ein Mantra bei jeder sich bietenden Gelegenheit. Gleichwohl: die globale Finanz- und Wirtschaftskrise der vergangenen Zeit hat gezeigt, dass unsere wirtschaftliche Welt scheinbar aus der Balance geraten ist. Kurzfristiges Denken und mangelndes Verantwortungsgefühl haben dazu geführt, dass ein wichtiges Fundament unserer Gesellschaft, nämlich das Vertrauen in unsere Werte Schaden genommen hat. Wir haben uns zwar zwischenzeitlich daran gewöhnt, dass in der europäischen Staatsschulden- oder Zahlungsbilanzkrise nur Momentaufnahmen möglich sind, brauchen aber augenscheinlich doch noch etwas mehr als wirtschaftliche Fakten um wieder Vertrauen zu gewinnen.

Es wird daher wichtiger denn je, dass wir Zusammenhalt und Verantwortung in unserer Gesellschaft anders wahrnehmen, dass wir uns (nicht nur) international um

mehr Verständigung und Dialog bemühen und dass
Unternehmen wie auch Verbände neu über ihre Kultur
und Verantwortung nachdenken. In diesem Sinne haben auch die Geo-Verbände ihre Zusammenarbeit bekanntermaßen fundamental erweitert. Wir sind gut
aufgestellt - so nennt man es wohl im Unternehmer-
deutsch, zugleich gilt dies aber auch im geodätischen
Sinne einer guten Positionierung. Was mit der Bremer
Erklärung zur Zusammenarbeit der Geo-Verbände begann könnte und sollte aber durchaus noch intensiver
gelebt werden. Wir, die Fachverbände DVW, BDVI
und VDV, werden deshalb unser gemeinsames "Produkt", die Dachmarke Geodäsie, im Sinne einer Mar-
kenstrategie vertrauensbildend ausbauen, denn wenn wir
das Vertrauen in unsere gemeinsame Arbeit intensivieren wollen, dann müssen wir dies auch auf einer gemeinsamen und von allen akzeptierten Basis tun.
Lassen Sie uns also alle gemeinsam an diesem neuen
"Wir-Gefühl" arbeiten, zeigen wir "denen da draußen",
dass wir stolz sind auf unseren Beruf. Die Fußballfans in
den Stadien dieser Welt praktizieren das Prinzip übrigens schon seit langem: You'll never walk alone! Und
wer dieses Zusammengehörigkeitsgefühl einmal erlebt
hat, der möchte es nicht mehr missen.

Geodäsie ist wichtig!

Juli 2012: Die geodätische Profession sowohl in Gesellschaft, Politik und Kundenkreisen noch sichtbarer zu machen und die Identifikation innerhalb der Fachgemeinschaft zu verstärken, das ist das Ziel der von den drei Geodäsieverbänden kreierten Dachmarke Geodäsie. [33]

Google & Co., Smartphones mit GPS sowie Open Streetmap sind in aller Munde und nur plakative Beispiele für einen Teilbereich unseres vielfältigen Berufsfeldes. Gleichwohl: die öffentliche Wahrnehmung der Geodäten entspricht nicht ihrer gesellschaftlichen Bedeutung. Woran liegt das, oder anders gefragt: was wird geschehen mit den Vermessungsingenieuren und ihren Aufgaben? Werden sie künftig überhaupt noch gebraucht, wenn sich doch alles durch einfache Knöpfchendrückerei auf mehr oder weniger gehobenem Niveau lösen lässt?

Natürlich sieht die Realität völlig anders aus - jedenfalls aus unserer Sicht. Richtig ist, dass sich die Aufgaben zu einem beträchtlichen Teil geändert haben. Und dort, wo sie sich nicht geändert haben, basieren zumindest die Werkzeuge, Verfahren und Lösungsansätze auf modernsten Technologien, auf neuesten wissenschaftlichen Erkenntnissen und verändern somit in beträchtlicher Art und Weise die alltägliche Arbeit. Wir Vermessungsingenieure (und natürlich auch -ingenieurinnen) haben schon immer Dynamik bewiesen. Es ist uns in unserer praktischen Arbeit gelungen, die althergebrachten Ergebnisse und Unterlagen zu bewahren, gleichzeitig umfassend zu modernisieren und uns auf diese Art und Weise zu jeder Zeit den Anforderungen des Zeitgeistes zu stellen. Geodäten sind innovativ und ergebnisorientiert, sie wirken bei der Lösung konkreter Zukunftsaufgaben ganz entscheidend mit und die Berufsaussichten sind ebenfalls exzellent. Möglicherweise vermarkten wir uns, unsere Arbeit und unsere Arbeitsergebnisse noch nicht richtig - aber wir arbeiten daran: die Nachwuchsplattform www.arbeitsplatz-erde.de ist dafür ein herausragendes Beispiel.

In diesem Kontext der Zukunftsorientierung und des Wandels muss auch die Halbwertszeit des technischen Wissens gesehen werden. War die Halbwertszeit des Wissens vor einigen Jahrhunderten noch wesentlich länger als ein Menschenleben, so hat heutiges modernes technisches Wissen, und das betrifft in einem ganz erheblichen Maße auch unser Berufsfeld, eine Halbwertszeit von rund einem Jahr! Wohlgemerkt, es geht hier um aktuelles Fachwissen, nicht fachlich notwendiges Grundlagenwissen, auch wenn das eine im Laufe der Zeit in das andere übergeht. Und: trotz Internet ist "Wissen" immer noch eine Holschuld und keine Bringschuld. Ständige Weiterbildung auf eigene Initiative ist also angebracht. Ein Service, den beispielsweise die Berufsverbände in Form vom Seminaren, Fachveranstaltungen, Fachzeitschriften etc. bereits seit Jahrzehnten äußerst kostengünstig anbieten und der in der gerade in Gründung befindlichen, von allen Verbänden gemeinsam getragenen Geodäsie-Akademie eine neue Dimension bekommt. Allein dies ist meines Erachtens übrigens schon Grund genug, sich einem der Verbände als Mitglied anzuschließen.

Wichtig ist, dass wir nicht nur von unserem technologischen Vorsprung zehren dürfen, sondern vorhandenes Wissen kreativ nutzen und verantwortungsvoll zu neuen, lukrativen Produkten und Dienstleistungen kombinieren müssen. Intelligentes Wachstum bedeutet natürlich auch qualitatives Wachstum und setzt die Beteiligung Vieler voraus. Gewohnte Handlungsmuster sind deshalb nur bedingt geeignet, den Wandel aktiv zu gestalten und Verantwortung zu teilen. Es wird daher wichtiger denn je, dass wir Zusammenhalt und Verantwortung in unserem gemeinsamen Berufsfeld anders wahrnehmen, dass wir uns um mehr Verständigung und Dialog bemühen.

In diesem Sinne haben auch die Geo-Verbände ihre Zusammenarbeit bekanntermaßen fundamental erweitert. Wir sind gut aufgestellt - so nennt man es wohl im Wirtschaftsdeutsch. Zugleich gilt dies aber auch im geodätischen Sinne einer guten Positionierung. Was mit der Bremer Erklärung zur Zusammenarbeit der Geo-Verbände begann, wird in Zukunft noch intensiver gelebt werden (müssen). Wir, die Fachverbände DVW, BDVI und VDV, werden deshalb unser gemeinsames "Produkt", die Dachmarke Geodäsie, im Sinne einer Marken- und offenen Kommunikationsstrategie vertrauensbildend ausbauen, denn wenn wir das Vertrauen in unsere gemeinsame Arbeit intensivieren wollen, dann müssen wir dies auch auf einer gemeinsamen und von allen akzeptierten Basis tun.

In diesem Sinne ist mir um die Zukunft der Geodäsie nicht bange.

Faszination Wandel: Neue Wege gehen

Januar 2013: Es ist das Jahr, in dem der Whistleblower Snowden die NSA-Aktivitäten öffentlich macht, Kanzlerin Merkel das Internet zum „Neuland für uns alle" erklärt und Facebook wie auch Twitter zu einem Höhenflug an der Börse ansetzen. [34]

Demographischer Wandel, Energiewende, Klima und knappe Ressourcen – das sind derzeit die maßgebenden Wegmarken für die gesellschaftliche, wirtschaftliche und technische Entwicklung der kommenden Jahre. Daraus resultieren völlig neue Märkte: Ob Kommunikation, Mobilität oder Wohnen - es geht um neue Produkte und Dienstleistungen für fast alle Lebensbereiche.

Dem gegenüber stehen Kreativität und Ingenieurkunst als die mit am meisten begehrten Zutaten für den Stoff, aus dem die Zukunft gemacht wird. Die Arbeitsmarktdaten bestätigen das: Aktuell sind Akademiker sind in Deutschland gefragt wie selten zuvor. Und unter den begehrten Hochschulabsolventen stehen, kürzlich publizierten Studien zufolge, die Ingenieure am besten da.

In Deutschland arbeiten rund 1,6 Millionen Ingenieure. Konservativ gerechnet, sorgen sie über alle Branchen hinweg für eine Wertschöpfung von fast 180 Milliarden

Euro im Jahr. Für unsere Branche wurde auf der letztjährigen Intergeo in Hannover das Potenzial wie folgt prognostiziert: 40 Milliarden Euro Marktvolumen pro Jahr und 30.000 neue Arbeitsplätze innerhalb der nächsten fünf Jahre. Bestätigt wird dieses enorme Wertschöpfungspotenzial durch diverse aktuelle Einzelstudien. Allein in Deutschland sind nach Angaben der Bundesregierung mehr als 50.000 Behörden am Aufbau der Geodateninfrastruktur beteiligt. Hinzu kommen unzählige private Unternehmen und Einrichtungen.

Wir Fachleute wissen natürlich um die Innovationskraft unserer Arbeit, unserer Daten und unserer Kreativität. Fachmessen, Fachvorträge und Publikationen zeugen davon. Für mich an dieser Stelle das Stichwort, auch einmal den immensen Mehrwert, den Verbände in dieser Hinsicht bieten, zu betonen. "Vereinsmeierei" wird die aktive Mitarbeit in berufsständischen Vereinigungen manchmal abfällig genannt. Und dabei ist es genau diesen, meist ehrenamtlich, aktiven Fachkolleginnen und -Kollegen zu verdanken, dass Innovationen in unserem Beruf schneller zum Tragen kommen, öffentlichkeitswirksamer vermarktet und vor allem konzentrierter an die Politik herangetragen werden.

Ein Wandel ist meist immer faszinierend. Stellen Sie sich vor: Wenn jeder von uns in diesem Jahr auch nur ein neues Mitglied gewinnt, wäre das ein nur kleiner Erfolg für den Einzelnen, aber ein Mega-Erfolg für unseren gemeinsamen Berufsverband. Versuchen wir es doch einfach einmal! Ein Aufnahmeformular finden Sie

in diesem Heft und natürlich auch im Web unter
www.VDV-online.de.

Chancen nutzen, Vertrauen schaffen

Januar 2014: Die Bundestagswahl ist vorbei und Kanzlerin Merkel startet in ihre dritte Amtszeit. Die ZBI-Präsidentin Iris Gleicke wird zur Staatssekretärin beim Bundeswirtschaftsminister ernannt und gibt den Staffelstab des ZBI-Präsidenten an mich weiter. [35]

Die Idee ist da. Manchmal wabert sie noch etwas unklar im Kopf herum und damit andere sie verstehen können, muss sie sich aber irgendwie noch mehr manifestieren. Ein Problem, dem wir Ingenieure, zumindest aus technischer Sicht, häufiger gegenüberstehen, es aber als grundsätzlich lösbar sehen. Die Rahmenbedingungen für so einen Prozess können wir natürlich nicht immer direkt bestimmen, wohl aber versuchen, auf Basis der bestehenden Erkenntnisse, Trends zu erkennen und entsprechend vorausschauend zu handeln.

Dass es sehr hilfreich ist, gemeinsam zu agieren, zeigt seit vielen Jahrzehnten die äußerst konstruktive Zusammenarbeit der Mitgliedsverbände im ZBI. Gemeinsam setzen wir uns für Ziele ein, die ein einzelner Verband in dieser Konsequenz selten durchsetzen kann. Sei es, dass es an der Mitgliederzahl und damit an der Wahrnehmung durch Politik, Wirtschaft und Gesellschaft liegt, oder auch ganz einfach nur an den finanziellen oder personellen Möglichkeiten eines sehr kleinen Einzelverbandes. Seit wenigen Monaten haben wir eine neue Bundesregierung und damit viele aktuelle ingenieurpolitische Herausforderungen, denen wir uns sehr zeitnah stellen müssen. Seit Jahresbeginn hat der ZBI sich bereits auf mehreren Feldern zu Wort gemeldet. So beispielsweise in dem wichtigen Politikfeld "Bauen", das nunmehr dem „Bundesministerium für Umwelt, Naturschutz, Bau und Reaktorsicherheit (BMUB)" zugeordnet worden ist. Zwar sind einige Aspekte im neuen Aufgabenspektrum des neu geschaffenen Ministeriums durchaus zu begrüßen, weil damit wichtige Querbezüge und Synergien zwischen Umwelt- und Naturschutz, Planen und Bauen hergestellt werden, gleichzeitig ist aber zu befürchten, dass der neue Ressortzuschnitt zu Spannungen mit dem Wirtschaftsministerium wie auch dem Verkehrsministerium führen wird. In den beiden letztgenannten Ministerien liegen bekanntermaßen die Zuständigkeiten für Energie bzw. Infrastruktur, also zwei eminent wichtigen Themenfeldern im Bereich des Baues. Nachteile für das Bauwesen sind aufgrund dieser Aufgabenzerlegung fast schon vorhersehbar.

Ähnliche Themenkomplexe sind im Bereich des Öffentlichen Dienstes auszumachen: Hier steht seit geraumer Zeit die Erhöhung der Attraktivität des öffentlichen Dienstes für junge Menschen im Fokus, besonders in Hinblick auf Bezahlung, beruflichem Aufstieg und Alterssicherung als Alternative zur Privatwirtschaft. Gefordert ist vom ZBI zudem die Möglichkeit einer aktiveren

Mitwirkung bei aktuellen Reformen der Verwaltungen, um einem Abbau öffentlicher Leistungen entgegenzuwirken. Und auch der Arbeitsmarkt bleibt ein Sorgenkind. Aktuell blicken die deutschen Wirtschaftsinstitute zwar überwiegend zuversichtlich in die Zukunft, gleichwohl: trotz guter Zahlen bleiben die Probleme, die den Arbeitsmarkt prägen, bestehen. Fachkräftemangel und Nachwuchsprobleme in den Ingenieurdisziplinen sind nur beispielhafte Schlagworte dafür. Hier gilt es rechtzeitig die richtigen Maßnahmen zu ergreifen und - falls notwendig - auch einmal alte Zöpfe abzuschneiden. Das vom ZBI geforderte Promotionsrecht für forschungsstarke Fachhochschulen ist nur ein Beispiel dafür.

Ein weiterer Themenschwerpunkt ist der Fachkräftemangel. Je nach Branche oder Region ist es schon heute für manches Unternehmen extrem schwierig, Stellen adäquat zu besetzen. Gerade im Ingenieurbereich hat die Nachfrage in den letzten Monaten deutlich zugelegt: Laut VDI-/IW-Ingenieurmonitor gab es im Dezember 63.700 offene Stellen - 10,6 Prozent mehr als im Vormonatsvergleich. Zwar stieg auch die Arbeitslosenzahl leicht, jedoch liegt diese liegt mit rd. 27.000 Personen noch weit unterhalb des aktuellen Fachkräftebedarfs. Laut VDI-/IW-Ingenieurmonitor kamen im Schnitt in den Ingenieurberufen bei steigender Tendenz 2,3 offene Stellen auf einen Arbeitslosen. Diese Thematik noch dringender deutlich zu machen, gleichzeitig aber auch Lösungsvorschläge zu unterbreiten ist eine hochaktuelle Herausforderung (nicht nur) für den ZBI. Zudem stehen technische wie auch gesellschaftspolitische Problemstellungen auf der Agenda, beispielsweise die Umsetzung der Energiewende, der Ausbau der Verkehrsinfrastruktur oder auch die durchgreifende Modernisierung der digitalen Infrastruktur, um nur einige zu nennen. Auf ihrer Suche nach Lösungen ist die Politik in diesen Themenfeldern auf die Kompetenz der Ingenieure angewiesen.

Als Dachverband für Ingenieurvereine bietet sich der ZBI hier natürlich als idealer Gesprächspartner an. Mit der Gründung der Zentralverbandes der Ingenieurvereine (ZBI) e.V. haben wir uns mehrfach auf ingenieurrelevanten Themenfeldern positioniert und immer sehr deutlich gemacht, dass wir Ingenieure auch unter Beibehaltung der jeweiligen Verbandsidentitäten in bestimmten Themenkomplexen durchaus mit einer machtvollen Stimme sprechen können. Unsere Erfahrung zeigt, dass insbesondere in der operativen Verbandsarbeit - unabhängig von speziellen Verbandsinteressen - sehr viele gemeinsame substantielle Positionen auszumachen sind, die gemeinsam wesentlich erfolgreicher vertreten werden können.

Nach der Wahl ist vor der Wahl, und so gilt es in nächster Zeit neue politische Kontakte zu knüpfen, bestehende Verbindungen in die Politik zu pflegen und unsere berufsständischen Positionen gegenüber neuen und alten Akteuren deutlich zu machen. In diesem Kontext werden wir auch weiterhin bestehende Strukturen gemeinsam nutzen und ausbauen. Was wir dafür benötigen ist Ihr Vertrauen und insbesondere Ihre aktive Mitwirkung.

Talent, Technologie und Toleranz

Januar 2015: Deutschland ist seit einem halben Jahr Fuß-ballweltmeister, der Astronaut Alexander Gerst twittert aus dem Weltall und die europäische Sonde Philae ist auf dem Kometen Tschurjumow-Gerassimenko gelandet. Unterdessen bringt die GDL mit ihrem Streik die Bahnreisenden zur Verzweiflung. [36]

Die Zukunftsfähigkeit eines Landes lässt sich nicht nur nach gängigen marktwirtschaftlichen Kennziffern wie Bruttoinlandsprodukt oder Pro-Kopf-Einkommen ermitteln, sondern auch nach Kriterien, die sich in anderen, hoch entwickelten Industrienationen als probate Messgrößen für Innovation und künftiges Wirtschaftswachstum bewährt haben. Demnach gedeihen vor allem kreative Gesellschaften, die vorhandenes Wissen am besten und schnellsten zu neuen, lukrativen Produkten und Dienstleistungen kombinieren können.

Voraussetzung für diese kreative Wirtschaft ist nach dem amerikanischen Wirtschaftswissenschaftler Richard Florida, der die dazugehörige Theorie begründet hat, eine Gesellschaft, in der sich gleichermaßen Talente, Technologie und Toleranz entfalten können. Dies gewinnt insbesondere an Bedeutung vor dem Hintergrund der zunehmenden Mobilität von Arbeitskräften und Unternehmen, der sich verstärkenden Internationalisierung der Wirtschaft sowie des an Tempo gewinnenden strukturellen Wandels hin zu Wissensökonomien.

Und was hat das jetzt mit Geodäsie bzw. dem VDV zu tun? Nun, wer sieht, wie sehr allein Internet und Smartphone unser Leben in den letzten zehn Jahren verändert haben, wer sieht, mit welcher atemberaubenden Geschwindigkeit unsere fachlichen Methoden und Werkzeuge sich in letzter Zeit geändert haben, der kann eigentlich nicht glauben, dass unser Berufsfeld in 50 Jahren noch so aussieht wie heute. Die Herausforderungen an unseren gemeinsamen Berufsverband sind da schon enorm: es geht um die Verdeutlichung unserer geodätischen Expertise gegenüber Politik und Gesellschaft, es geht um die Anwendung und Nutzung von Daten und anspruchsvollen Technologien und es geht letztlich auch um den Fachkräfte- und Nachwuchsmangel. Themen, die uns alle bewegen und die wir nur gemeinsam angehen können.

Was aber tun? Das Problem fängt schon bei der Haltung an: Es ist mancherorten ein ebenso lautes wie larmoyantes Klagen zu hören, es wird nach Schutzzäunen und Regulierung gerufen, wo Offenheit und Gestaltungswille gefragt wären. Die Arbeitsbereiche von uns Geodäten werden immer vielfältiger. Die neuen Technologien und Möglichkeiten eröffnen uns ein wesentlich breiteres Spektrum. Dieses Wissen zu transportieren, diese kreative Vielfältigkeit und Innovationsfähigkeit im Sinne eines positiven Wandels zu sehen ist die große Herausforderung an uns alle.

Gesellschaften, die Talente, Technologie und Toleranz fördern und leben, sind auf lange Sicht erfolgreicher. Und mit diesen drei „T" ist die Eigenschaft der Neugierde verbunden. Neugierig ist aber nur, wer in sich selber ruht und aus dieser Gelassenheit Zuversicht schöpft statt Verzagtheit.

Diskussionsfelder und Entwicklungsperspektiven

Juni 2015: Terror-Anschläge, Griechenland-Krise, Krieg in Syrien, die Ankunft Hunderttausender Flüchtlinge und das Erstarken fremdenfeindlicher Bewegungen: Dieses Jahr hat es in sich. Dagegen wirkt das ganz „profane" geodätische Leben fast schon wie eine heile Welt aus dem Märchen. Gleichwohl: auch darüber ist in einem Editorial zu schreiben. [37]

Zwei Jahre sind seit unserer letzten Bundesmitgliederversammlung in Schwerin vergangen. Anlass genug, einmal mit Blick auf die kommende VDV-Tagung in Fulda ein kurzes Resümee zu ziehen und einen kleinen Ausblick zu wagen. Fachlich gesehen, hat sich sehr viel getan: UAVs sind zur Normalität geworden und aktuell ist das Schlagwort „Industrie 4.0" in aller Munde. In Kombination mit dem Begriff „Big Data" erleben wir hier zurzeit einen Trend, der Unternehmen und ganze Branchen, also auch unsere, komplett verändern wird. Im Internet der Dinge und Dienste werden Informationen durchgängig in Echtzeit verfügbar sein, und dies wiederum beschleunigt und verkürzt Entscheidungswege wie auch Geschäfts- und

Arbeitsabläufe. Integration und Vernetzung in Wertschöpfungsnetzwerken finden zudem vermehrt institutions- und unternehmensübergreifend statt. Dies gilt beispielsweise für Behörden auf Kommunal-, Landes- und Bundesebene, Energieversorger und Telekommunikationsunternehmen ebenso, wie für „ganz normale" Ingenieurbüros. Die notwendigen fachlichen Anforderungen und Kompetenzen haben sich gewandelt: Standen vor kurzem noch die Beschaffung, Generierung und Veredelung von Daten im Fokus, geht es nunmehr um deren Organisation und Anwendung.

In diesem Kontext müssen wir uns als Berufsverband nicht nur fachlich, sondern auch berufsständisch mit diesem Themenkomplex auseinandersetzen. Das bedeutet Chance und Herausforderung zugleich, angefangen bei der Aufnahme solcher Themenfelder in Ausbildung, Studium und Lehre, ebenso wie der Implementation in unsere tägliche Arbeit. Als VDV sind wir bei der Akkreditierung von Studiengängen aktiv involviert und achten natürlich auf moderne und zeitgemäße Ausbildungspläne. In der Umsetzung des Beschlusses der letzten Bundesmitgliederversammlung ist der VDV darüber hinaus bei der Entwicklung von Normen und Regeln engagiert und im Bereich der täglichen Berufspraxis stehen wir bekanntermaßen dafür, aktuell, kompetent und praxisnah zu informieren. Wir nutzen dafür das VDVmagazin, das Bildungswerk VDV ebenso wie unseren wöchentlichen Newsletter, Facebook und seit kurzem auch Twitter. Zu nennen sind insbesondere auch die zahlreichen Fachvorträge, Besichtigungen und Exkursionen auf

Bezirks- und Landesebene. Die Einbindung in übergeordnete Institutionen wie der von BDVI, DVW und VDV getragenen Interessengemeinschaft Geodäsie (IGG), dem Zentralverband der Ingenieurvereine (ZBI) oder auch der European Group of Surveyors (EGoS) beweist darüber hinaus die hohe Reputation, die der VDV fachlich, gesellschaftlich und politisch genießt. Der VDV ist ein geachteter und gern gehörter Partner in Politik, Wirtschaft und Gesellschaft.

Möglich ist all das nur, weil der VDV über ein sehr engmaschiges Netzwerk verfügt. Ein Netzwerk, das getragen wird von vielen ehrenamtlich engagierten Kolleginnen und Kollegen. Dafür möchte ich mich im Namen aller Mitglieder des VDV ganz herzlich bedanken!

Das GOLDENE LOT 2015

Oktober 2015: Mit Prof. Fröhlich wird in diesem Jahr ein Mann mit „Kultcharakter" ausgezeichnet. An der Festveranstaltung nehmen auch einige der Vorjahrespreisträger teil, darunter Michael McKay, Klaus Grewe und Wissenschaftscomedian Bernhard Hoëcker. Und alle berichten im, Laufe des Abends, wie es bereits schöne Tradition ist, über ihre Aktivitäten des vergangenen Jahres. „Der DVW hat die Intergeo, der VDV das Goldene Lot", so DVW-Präsident Thöne in seinem Grußwort. Wie wahr! [38]

Eine Veranstaltung, die ihresgleichen sucht und ein Preis, der in Fachkreisen schon mal gerne als „Oskar der Geodäsie" bezeichnet wird, jährt sich in diesem Jahr zum 26. Mal: Das GOLDENE LOT. Überreicht wird es am 02. Oktober um 18.00 Uhr im Kristallsaal der KölnMesse an Prof. Dr. Hans Fröhlich. Laudator ist Prof. Dr. Klaus Grewe, Preisträger des Vorjahres.

Das GOLDENE LOT ist eine Erfolgsgeschichte, die einst von Wolfgang Kramer, dem damaligen Vorsitzenden des VDV-Bezirks Köln, initiiert wurde. Seit 1990 wird diese Ehrung an Persönlichkeiten verliehen, die sich direkt oder in erweitertem Sinne um die Geodäsie bzw. das Ingenieurwesen verdient gemacht haben. Die Verleihung dieser höchsten Ehrung des VDV ist mittlerweile ein gesellschaftliches Ereignis höchsten Ranges mit beachtlicher Außenwirkung. Die Liste der bisherigen Preisträger liest sich wie das Who is Who. Zu den Lotträgern gehören hochrangige Politiker, namhafte

Wissenschaftler, berühmte Künstler und andere Personen des öffentlichen Lebens, von denen nicht wenige regelmäßig wiederkehrend an den jährlichen Preisverleihungen teilnehmen und in lockerer Runde über ihre aktuellen Aktivitäten berichten.

In diesem Jahr wird mit Prof. Dr. Hans Fröhlich ein Wissenschaftler ausgezeichnet, der sein Leben auf die Geodäsie in all ihren Facetten ausgerichtet hat und dessen Name weit über Fachkreise hinaus bekannt ist. Seine Fachbücher haben so manchem Studenten schwierige Themenkomplexe praxisnah und verständlich nahegebracht, seine Vorträge sind lehrreich und unterhaltsam zugleich und insbesondere Fröhlich's authentische Hommage auf den Vermessungsdirigenten der königlich preußischen Landesaufnahme, Hauptmann Bendemann, ist unvergleichlich.

Vor diesem Hintergrund reiht sich Prof. Hans Fröhlich in besonderer Weise in die Reihe der bisherigen Preisträger ein. Sein herausragendes fachliches wie auch und medienwirksames Engagement ist außergewöhnlich und gleichermaßen vorbildhaft.

Wir dürfen also gespannt sein auf einen unterhaltsamen Abend mit interessanten Gästen.

Wasser ist Leben

August 2015: Auf dem vorjährigen Klimagipfel in Paris hatten sich die Staats- und Regierungschefs darauf geeinigt, die Erderwärmung unter zwei Grad Celsius zu halten. Ein Durchbruch, allerdings wird über die Umsetzung des Vertrages noch eifrig diskutiert. In einer Studie des Potsdam-Instituts für Klimafolgenforschung wird davor gewarnt, dass zehn Prozent der Menschen bei einer Erwärmung des globalen Klimas um drei Grad bereits von absoluter Wasserknappheit betroffen sein werden. [39]

Wasser ist Leben – diese Einsicht wird seit Jahrtausenden von Völkern in aller Welt geteilt. Auf den ersten Blick scheint Sorglosigkeit berechtigt zu sein, denn mehr als zwei Drittel der Erde sind von Wasser bedeckt. Und selbst wenn man das salzige Meerwasser und das für den menschlichen Verbrauch nicht verfügbare Süßwasser wie die polaren Eismassen abzieht, bleiben immer noch tausende Kubikkilometer Trinkwasser übrig. Es scheint also mehr als genug für alle zu geben, andererseits ist das Wasser nicht immer in ausreichendem Maße dort, wo es benötigt wird. Ganz so einfach ist es also wohl doch nicht.

Die Römer haben einen großen technischen Aufwand betrieben, um Wasser von A nach B zu bringen. Jeder einzelne Tropfen, der in den Städten verbraucht wurde, musste vorher mit hohem technischem Aufwand mühsam über viele Kilometer transportiert werden. Der damalige Pro-Kopf-Verbrauch der Römer lag bei ca. 400/450 Litern pro Tag; die Stadt Köln wurde mit 20

Million Liter Wasser, Lyon sogar mit 76 Millionen Liter täglich versorgt. Kein triviales Problem also für die damaligen Ingenieure.

Betrachten wir die Thematik einmal aus heutiger Sicht und unter dem Aspekt der nachhaltigen und verantwortungsbewussten Nutzung. 4.000 Liter am Tag – so hoch ist heutzutage der „virtuelle" Wasserverbrauch jeden Bundesbürgers. Als virtuell gilt die Wassermenge, die für die Herstellung all der Güter verantwortlich ist, die wir täglich konsumieren. Für die Erzeugung von einer einzelnen Jeans sind aktuell beispielsweise 11.000 Liter Wasser erforderlich, für ein Auto sogar 400.000 Liter. Allein eine Tasse Kaffee hat (in Anlehnung an den Begriff des CO_2-Footprints) einen „Wasserfußabdruck" von 140 Litern. Beruhigend für uns Teetrinker: eine Tasse Tee hat demgegenüber einen Fußabdruck von „lediglich" rd. 30 Litern.

Nun möchte ich Ihnen keineswegs den Abend oder Ihre morgendliche Tasse Kaffee vermiesen, sondern anhand dieses keineswegs trivialen Praxisbeispiels auf den Themenkomplex Verantwortung und Nachhaltigkeit aufmerksam machen.

Solche Dialoge zu führen und deren Ergebnisse in praktisches Handeln umzusetzen, sind bekanntlich langwierig. So schreiten der Klimawandel und die dadurch ausgelösten Effekte auch bei noch so gutem Willens zur Problemlösung unsererseits stetig fort, möglicherweise schneller, als uns lieb ist.

VDV = Open Innovation!

September 2015: Die INTERGEO® und der 63. Kartographentag locken rd. 16.500 Fachbesucher nach Stuttgart. Die Interessengemeinschaft Geodäsie (IGG) nutzt die Plattform und macht mit Pressemeldungen, Plakataktionen und einer Talkrunde auf den dramatischen Arbeitskräftemangel aufmerksam: „Beste Perspektiven für Geodäten" lautet die Überschrift dieser Imagekampagne, die von den Präsidenten Wilfried Grunau (VDV), Karl-Friedrich Thöne (DVW) und Michael Zurhorst (BDVI) bereits Ende Januar in Hannover initiiert wurde. [40]

Die nächste INTERGEO® steht vor der Tür, die letzten Vorbereitungen sind (nahezu) abgeschlossen. Als allgemein anerkannt wichtigste Pflichtveranstaltung des Jahres (nicht nur) für alle Entscheider und Weiterdenker werden hier die neuesten Trends unseres Fachgebietes vorgestellt. Mit dabei ist – wie immer – der VDV, u. a. mit dem VDVmagazin, das BILDUNGSWERK VDV mit seinem umfangreichen Bildungsprogramm und der Verlag Chmielorz mit seinen fachbezogenen Büchern und der VDV-Schriftenreihe. Aber ist das „wie immer" eigentlich so selbstverständlich?

Ich meine: nein! Natürlich wollen die Aktiven des VDV „ihren VDV" auf dieser Veranstaltung darstellen und repräsentieren und sie machen das ausgesprochen gerne und mit höchstem Engagement. Aber kaum einer der Messebesucher weiß, dass dies ehrenamtlich und zum Teil auch unter Verwendung von Urlaub geschieht.

Und dabei ist die Repräsentanz auf dem VDV-Messestand sowie im Verbändepark nur ein Ausschnitt der VDV-Aktivitäten auf der INTERGEO®. Dass so ganz nebenbei auch die ehrenamtlichen Redakteure des VDVmagazin ausgeschwärmt sind und einen umfangreichen Messebericht erstellen, dass ebenfalls so ganz nebenbei die auch die Fachleute des Bildungswerkes auf der Messe unterwegs sind und aktuelle Themen für die nächste Seminarveranstaltung recherchieren, wird von den wenigsten bewusst registriert. Gleichwohl wird aber von allen Fachleuten stets die Praxisnähe und Aktualität des VDV hervorgehoben. Woher diese gleichbleibend hohe Qualität kommt, wird selten hinterfragt. Grund genug also, den ehrenamtlich tätigen Kolleginnen und Kollegen an dieser Stelle einmal Dank zu sagen, dass sie als quasi als Trendforscher der Geodäsie so erfolgreich sind und uns mit detaillierten und inspirierenden Artikeln zu den Megatrends unseres Fachgebietes versorgen. Dazu gehört viel Know how, aber auch die Kunst, die richtigen Fragen zu stellen.

Für unsere berufliche Qualifizierung als Ingenieure der Zukunft brauchen wir nicht nur Fachwissen, sondern auch Kreativität. Hinter dieser Formulierung steckt natürlich kein Weichmacher, sondern gemeint ist damit die Herausforderung einer knallharten Problemlösungskompetenz. Der VDV steht in diesem Kontext für die erfolgreiche aktive und strategische Nutzung Ihres persönlichen Innovationspotenzials und natürlich auch für das notwendige Netzwerk. Neudeutsch wird so etwas als Open Innovation im Sinne von Crowdsourcing und

Wikinomics bezeichnet. Wir alle wissen, dass Daten erst zu Informationen werden, wenn sie mit einer Bedeutung verknüpft sind. Wer in der Lage ist, Informationen in einem größeren Zusammenhang zu sehen, der kann kreativ Probleme lösen. Mein Aufruf daher: Werden Sie Mitglied in einem kollegialen Berufsverband, der Ihnen hilft, die Herausforderungen der Zukunft anzunehmen.

„4.0" – Modebegriff, Hype oder DIE Zukunft?

Februar 2016: „Vier Punkt Null", so lautet das aktuelle Schlagwort des Jahres und es steht für den Aufbruch in eine vernetzte Industrie, für Digitalisierung und völlig neue Geschäftsmodelle. Aber es schafft auch Ängste. [41]

Das Zukunfts-Mantra der aktuellen technisch-gesellschaftlich orientierten Diskussion basiert auf dem Suffix „4.0". Ursprünglich nur in Kombination mit dem Präfix „Industrie" verwendet, wird es seit kurzem auch gemeinsam mit „Arbeit", „Verwaltung" oder „Staat" genannt. Ist „4.0" also nur ein Modebegriff, ein Hype oder gar DIE Zukunft? Auf der Intergeo 2015 wurde „Vier Punkt Null" beispielsweise zu der Begrifflichkeit „Geospatial 4.0" verknüpft [42]. Es geht also augenscheinlich um weit mehr als nur Fertigungs- und Automatisierungstechnik. Und welche Rolle spielt in diesem Kontext die so genannte „Digitale Transformation?"

Ganz allgemein gilt für „4.0", dass die Unternehmen sich von der Verzahnung klassischer Wertschöpfungsketten mit hochmodernen Informationstechnologien gleichermaßen Gewinne und Produktivitätsschübe versprechen [43]. Es geht aber auch um die intelligente und innovative Verknüpfung von Daten und Diensten zu neuen Prozessen. Unter Digitaler Transformation ist nach gängiger Auffassung also die durchgängige Vernetzung aller Wirtschaftsbereiche und Anpassung aller beteiligten Akteure an die neuen Gegebenheiten der digitalen Ökonomie zu verstehen [44]. Bereits ganze Volkwirtschaften setzen sich daher auch intensiv mit der Frage auseinander: Was bringt uns diese so genannte vierte industrielle Revolution?

Fakt ist: „4.0" steht derzeit stellvertretend für die umfassende Digitalisierung unserer Wirtschaft und dürfte aktuell wohl als einer der zentralen Innovationsfaktoren für die Zukunftsfähigkeit Deutschlands gelten. Bundesminister Alexander Dobrindt spricht sogar von der größten politischen, wirtschaftlichen und gesellschaftlichen Herausforderung seit Jahrzehnten [45]. „4.0" wird, so man den Wirtschaftsauguren Glauben schenken kann, ganze Wertschöpfungsketten nachhaltig verändern. Im Rahmen neuer Geschäftsmodelle wird die Veränderung demzufolge wahrscheinlich eher disruptiv sein, während die technische Entwicklung dem gegenüber als evolutionär betrachtet wird [46]. Wir bewegen uns in einem Strudel von neuen digitalen Möglichkeiten, stehen aber gerade noch am Anfang dieser Entwicklung. So zumindest bezeichnete es kürzlich der Vorstandsvorsitzende der Deutschen Telekom [47]. Auf dem Weg zur digitalen Zukunft kommen damit massive neue Anforderungen auch (oder gerade) auf die Ingenieure zu. Gefragt sind verstärkt Generalisten, die mehrere klassische Fachgebiete im Blick haben und natürlich sollte der „Ingenieur 4.0" gut kommunizieren können [48]. Der Mangel an entsprechenden Fach- und Führungskräften wurde zwar schon oft thematisiert, aber nur selten mit Blick auf die digitale Transformation, denn hier hat Deutschland, haben die deutschen Unternehmen ein eklatantes Defizit, wie eine Studie des Marktforschers Crisp Research ergeben hat: gerade einmal sieben Prozent der Entscheider haben die nötigen Qualifikationen zum „Digital Leader" [49]. Aber immerhin ist inzwischen bei vielen Entscheidungsträgern angekommen, dass die Wandlung der Gesellschaft hin zum Digitalen starke Auswirkungen auf die Wirtschaft hat und dass dringender Handlungsbedarf besteht.

Wir Geodäten sind aufgrund unserer Ausbildung und unserer Querschnittskompetenzen geradezu prädestiniert, hier führende Positionen einzunehmen. Qualifikation wie auch Veränderungsbereitschaft sind nun einmal wichtige Voraussetzungen für gelungene Reformprozesse und notwendig, um sich am Markt zu behaupten [30]. Und Innovationen waren uns Geodäten nie fremd. Es ist uns in unserer praktischen Arbeit stets gelungen, die althergebrachten Ergebnisse und Unterlagen zu bewahren, gleichzeitig aber auch umfassend zu modernisieren und uns auf diese Art und Weise zu jeder Zeit den Anforderungen des Zeitgeistes zu stellen [33]. Geodäten gestalten den Wandel [50] und sind ergebnisorientiert. Sie wirken entscheidend bei der Lösung nahezu aller Megathemen unserer Zeit mit, seien es nun Umwelt-, Energie-, Infrastruktur- oder andere konkrete Zukunftsaufgaben. Wichtig ist natürlich, dass wir in der heutigen Zeit nicht nur von unserem technologischen Vorsprung zehren dürfen, sondern vorhandenes Wissen auch weiterhin kreativ nutzen und verantwortungsvoll zu neuen, lukrativen Produkten und Dienstleistungen kombinieren müssen. Und: Unser reichhaltig vorhandenes Potenzial kann vor allem nur dann ausgeschöpft werden, wenn die verschiedenen Akteure auch voneinander lernen und miteinander kooperieren. Für Einzelkämpfertum ist in der digitalen Welt kein Platz [51].

Einer aktuellen Bitkom-Umfrage zufolge gibt nahezu jedes zweite Unternehmen an, dass Wettbewerber aus der Internet- oder Digitalbranche in ihre Märkte drängen. Jedes dritte Unternehmen sieht sich für die Digitalisierung nicht ausreichend vorbereitet, jedes fünfte sogar in seiner Existenz bedroht [52]. Die digitale Transformation ist also nicht nur im Kommen, sondern allenthalben schon Realität. Ausgebremst höchstens durch (noch) nicht vorhandene Breitband- oder Glasfasernetze. Aber auch die sind, legt man den Koalitionsvertrag der Bundesregierung zugrunde, nur noch eine Frage der Zeit [53].

Und analog dazu (fast schon eine anachronistische Begrifflichkeit in diesem Kontext) erfolgt ein gravierender Wandel in der Arbeitswelt. Und genau diese Entwicklung wirft Fragen auf: Haben wir in Zukunft noch Arbeit? Wie sieht sie aus? Wie verteilt sie sich? Ist sie kreativ oder monoton? [54] Die Veränderungen in Gesellschaft und Arbeitswelt sowie die damit verbundene Unsicherheit bedürfen dabei sicherlich eines anderen, neuen Wertegerüstes. Dies natürlich auf der Basis von Eigenverantwortung und Eigeninitiative. Die zusätzliche Herausforderung aber liegt insbesondere, neben den technischen und wirtschaftlichen Fragestellungen, in der gesellschaftlichen Einbettung der „Perpetual Disruption" [55] und den Diskussionen um den Nutzen (beispielsweise) von Big Data für unser Gemeinwesen. Nötig ist also nicht nur die Diskussion über die soziale Technikgestaltung, sondern auch über die soziale Gesellschaftsgestaltung, in der wiederum auf die Risikomündigkeit der Menschen vertraut wird [46].

Alles in allem Themenfelder, die wir Geodäten keinesfalls unbesetzt lassen dürfen. Der Bundesvorstand des VDV hat sich auf seiner Herbstsitzung daher beispielsweise nicht nur mit den Anforderungen des Building Information Modelling (BIM) - auch Industrie 4.0 der Baubranche [56] genannt - befasst, sondern darüber hinaus den Paradigmenwechsel mit Blick auf die „Arbeit 4.0" eingehend diskutiert.

Unsere Welt ist komplex, global und schnelllebig geworden. Wir können zwar überblicken, was in den vergangenen 10 Jahren geschehen ist, wissen aber nicht, was in den nächsten 10 Monaten geschehen wird [57]. Daher ist es auch von eminenter Bedeutung, die Menschen darin zu unterstützen, den laufenden Transformationsprozess besser zu verstehen und sachgerecht mit den digitalen Möglichkeiten umzugehen. Das Innovationshandeln von Unternehmen sollte sich folglich nicht nur auf die Bewältigung technischer Herausforderungen konzentrieren [58], sondern immer auch – mit Blick auf die Humanisierung des Arbeitslebens [59] sowie die vermehrt geforderte ausgewogene Work-Life-Balance – konsequent auf aufklärende Information und stringente Beteiligung der Betroffenen setzen. Wir befinden uns vor einer großen Herausforderung, die aber zugleich auch eine Riesenchance bedeutet, denn die einzige Konstante in der (digitalen) Welt ist der Wandel [60]. Das Bundesministerium für Arbeit und Soziales bemerkt dazu: Nicht nur Technologien verändern die Wirklichkeit, sondern auch gewandelte gesellschaftliche Ansprüche und Werte [61].

Eine klassische Trennung der unterschiedlichen Interessenlagen, sprich: Technologischer Fortschritt und stetig zunehmende Vernetzung versus neuer Erscheinungsformen von Arbeitsabläufen und Lebensrealitäten, wird immer schwerer. In Deutschland mangelt es zwar nicht an Zusammenschlüssen und Plattformen zur Diskussion der digitalen Transformation, eine koordinierte Bündelung dieser Initiativen und Aktivitäten wäre durchaus sinnvoll. Eine Vorreiterrolle könnte dabei, laut einer Studie von Roland Berger, beispielsweise der Nationale IT-Gipfel spielen, den die Bundesregierung aktuell entlang der sieben Handlungsfelder der Digitalen Agenda weiterentwickelt und neu ausrichtet [44].

Im Zuge der digitalen „4.0-Transformation" werden viele Prozesse neu definiert oder sogar neu geschaffen.

Wir haben hier eine komplexe Problemstellung und Gemengelage, deren Reichweite und Bedeutung wir heute noch nicht abschließend einschätzen können. Eines aber ist sicher: Die Digitale Transformation ist in vollem Gang und es wird viele notwendige Veränderungen und Verschiebungen geben. Einige davon gravierend, andere nur marginal. Und sehr wahrscheinlich wird uns die notwendige Diskussion auch noch eine ganze Weile begleiten, aber am Ende haben wir die Chance, ganz anders mit Wissen, Technologie und Arbeit zu agieren als bisher.

Geodäten, Grenzen und die Gesellschaft

Februar 2016: Die Flüchtlingsdebatte ist derzeit das alles beherrschende Thema. Dieses zum Inhalt eines Leitartikels zu machen, liegt da natürlich nahe. [62]

Im Diskurs über aktuelle gesellschaftliche Fragestellungen sollten auch wir Geodäten Stellung beziehen. Aber wie werden wir diesem Anspruch gerecht? Dies kann in einem Editorial sicherlich nicht vollständig und umfassend beantwortet werden. Gleichwohl habe ich den Titel bewusst gewählt und als verbindendes Element eine weitere, von der Grundbedeutung her eher trennende, Begrifflichkeit hinzugefügt: Grenzen.

Welche Funktion haben Grenzen normalerweise? Für uns Geodäten wohl lediglich eine Fachfrage mit der pragmatischen Antwort: Grenzen strukturieren. Sie

geben beispielsweise der politischen Landkarte eine
Struktur. Es gibt auf der Landmasse der Erde zwischen
den Staaten, rechtlich gesehen, kein Niemandsland
mehr. Dort verlaufen nur noch Grenzen. Sie trennen
erst einmal - je nach Region, je nach politischer Situation mehr oder weniger grob - zwei Völker, zwei Länder,
zwei Sprachen, oft auch ein Volk, ein Land, bisweilen
sogar ein Dorf oder ein Haus. Manchmal ist das absurd,
manchmal erschreckend, oft tragisch, manchmal einfach
sicherer - fast immer aber ist es auch faszinierend. Vielleicht liegt das daran, dass Grenzen Anfang und Ende
zugleich darstellen. Manche politische Grenzen waren
bis vor kurzem im Verschwinden begriffen, einige hingegen werden in neuerer Zeit, zumindest temporär,
wieder sichtbar und kaum überwindbar wiederherge-
stellt. Aber selbst wenn Staatsgrenzen durchlässig werden und ihre politische Funktion langsam verlieren,
wird etwas lange bleiben: Grenzen sind, auch wenn sie
nicht immer die Trennschärfe politischer Demarkations-
linien besitzen, aus historischen Gründen meist mehr-
dimensional. Sie teilen Sprachräume, sie teilen Religi-
onsräume; und stabilisieren sie manchmal dadurch —
aber eben nicht immer. Grenzen sollen Konflikte verhindern; gleichzeitig sind sie aber auch immer wieder
Konfliktorte, weil sie Anknüpfungspunkte sind: für
Überschreitungen und Auseinandersetzungen, für Neu-
anfänge und Melangen. Insgesamt erscheint mir die
Rede vom Verschwinden der Grenzen, gerade mit Blick
auf die momentane politische Weltlage, in vielerlei Hinsicht manchmal doch zweifelhaft. Denn neben der

wechselseitigen Bedingtheit von Grenzöffnung und -schließung tragen Grenzen auch grundsätzlich die Ambivalenz von Eingrenzung einerseits und Ab- beziehungsweise Ausgrenzung andererseits in sich: Eingrenzung rekurriert auf das Eigene, auf „Wir hier", auf Zugehörigkeitsgefühl, Vertraut- und Geborgenheit. Abgrenzung hingegen verweist auf das Fremde, auf das Andere. Diese Ambivalenz von Grenzen ist ein wichtiger, wenn auch selten bewusster Ordnungsrahmen, der als konstitutives Element von Identität fungiert.

Indem der Verband Deutscher Vermessungsingenieure (VDV) in diesem Jahr mit Amelie Deuflhard die Theaterproduzentin, Intendantin und künstlerische Leiterin von Kampnagel Hamburg mit dem GOLDENEN LOT auszeichnet, möchte der Verband einen Schwerpunkt setzen und eine Orientierung liefern und damit eine Neu- und Andersbeschreibung einer Situation anbieten, die in Deutschland und Europa aktuell von vielen Menschen als sehr kritisch und bedrängend empfunden wird. Und tatsächlich ist die Flüchtlingskrise, die jetzt etwas mehr als ein Jahr alt ist, eine Situation, in der wir alle neu über die Zukunft Europas und unserer Gesellschaft nachdenken können und müssen. Der VDV würdigt mit der diesjährigen Auszeichnung insbesondere das Aufgreifen und konkrete Umsetzen aktueller gesellschaftlicher Fragestellungen in einen kulturellen Dialog. Selbstreflexion, Sprachreflexion und die Überprüfung der eigenen Werte: All das kann die Kunst leisten. Und sie kann in diesem Kontext damit durchaus auch analytisch werden, quasi die Zeit anhalten und Räume eröffnen. Amelie Deuflhard hat durch ihre Initiative mit den Mitteln der Kunst auf eines der drängendsten gesellschaftlichen Probleme Europas aufmerksam gemacht und den Menschen am Beispiel des Aktionsraumes für Flüchtlinge (Ecofavela Lampedusa Nord) einen grenzenlosen Spiegel vorgehalten.

Es ist tatsächlich nicht leicht, den Überblick zu behalten und die oberflächlichen von den tieferen Umwälzungen zu unterscheiden. Über manche plötzlichen Ereignisse geht der große Strom der Kontinuität hinweg, während bedeutsame Umbrüche sich häufig in vielen kleinen Schritten vollziehen, deren richtungsändernde Wirkung erst mit Abstand erkennbar wird. Das macht einen Teil unserer derzeitigen Unsicherheit aus. Nicht wenige Menschen in unserer Gesellschaft zeigen daher auch eine gewisse Positionierungsangst, andere wiederum neigen zu Extrempositionen; gleichfalls ist so manches Mal auch eine fundamentale Hilflosigkeit zu verzeichnen. Denn die Herausforderung, der wir gegenüberstehen, ist derartig komplex, dass derjenige, der jetzt meint Patentrezepte anzubieten, das Problem möglicherweise noch gar nicht richtig erfasst und beschrieben hat. Die Krise Europas hängt – natürlich – auch mit dem Ohnmachtsgefühl zusammen, das viele Bürger beschleicht. Aber: Panik ist nie ein guter Ratgeber. Wir können daher nicht einfach zur Tagesordnung übergehen, sondern müssen den Verlust der Sicherheit in einer unüberschaubaren und entgrenzten Welt als große gemeinsame Aufgabe für Gesellschaft und Demokratie annehmen. Europa hat eine lange Tradition der Humanität, der

Menschlichkeit, der Fähigkeit zum Dialog und zum Miteinander. Es mag sein, dass diese Werte nicht mehr allzu präsent sind. Wir müssen also uns daran erinnern, was es heißt, Europäer zu sein und daran, dass die Europäische Union eine politische und gesellschaftliche Wertegemeinschaft ist, die sich durch Offenheit und Vielfalt ausgezeichnet hat. Die Auszeichnung mit dem Friedensnobelpreis im Jahr 2012 unterstreicht dies sehr deutlich. Ein Europäer, der heute glaubt, er kann seine eigene Kultur abschotten, der ist an sich schon gar keiner. Wir stehen vor der grundsätzlichen Frage, wer wir überhaupt sein wollen, ob wir ein Land, ein Europa sein wollen, das sich abschottet, oder eine Gesellschaft, die sich öffnet und ihre vielfach propagierte Offenheit auch tatsächlich lebt. Gefragt ist ein neuer europäischer Humanismus.

Im Sinne von Kant und seiner Idee des guten Willens und im Verständnis von Hannah Arendts Pluralitätsgedanken bin ich der festen Überzeugung, dass man die Zukunft gestalten und besser machen kann als die Gegenwart. Der Lyriker Ferdinand Freiligrath hat das in seinem bekannten politischen Gedicht „Trotz alledem!" ganz treffend ausgedrückt: „Nur, was zerfällt, vertretet ihr! / Seid Kasten nur, trotz alledem! / Wir sind das Volk, die Menschheit wir, / sind ewig drum, trotz alledem! / Trotz alledem und alledem: / So kommt denn an, trotz alledem! / Ihr hemmt uns, doch ihr zwingt uns nicht – / Unser die Welt trotz alledem!"

Der VDV im digitalen Wandel

Februar 2017: Ist der VDV fit für die Digitalisierung? Antwort: Aber ja! Der Verband war schon immer offen für Neues. Statistiken führen, Daten vergleichen und Alternativen ausarbeiten, das waren bereits weit vor der digitalen Revolution die bewährten Mittel des Vorstandes, um den VDV erfolgreich zu managen. [63]

Die Digitale Transformation wurde inzwischen von allen möglichen Experten ausgiebig betrachtet, analysiert und kommentiert. Zwischenzeitlich wissen wir damit jetzt auch, dass der digitale Wandel sich nicht nur auf technische Systeme erstreckt, sondern in besonderem Maße auch digitale Kompetenzen („Skills") und neuartige Arbeitsweisen erfordert. Was aber bedeutet die Digitalisierung für einen Berufsverband wie den VDV? Der Einsatz moderner Sozialer Medien, wie E-Mail, Facebook, Twitter und Co. kann es nicht allein sein, wenngleich sie für die Kommunikation des Verbandes mit den (potenziellen) Mitgliedern sehr bedeutsam sind. Nein, es betrifft sicherlich auch die organisatorischen Prozesse im Verband. Digitalisierung bedeutet damit offensichtlich eine Anpassung, beziehungsweise sogar einen durchgreifenden Wandel der Verbandskultur.

Und hier lohnt sich ein detaillierter Blick hinter die Kulissen des Verbandes, zeigt sich doch, dass der VDV bei der Integration digitaler Technologien und Arbeitsweisen ausnehmend gut aufgestellt ist: Die Kommunikation der Mitglieder zum Verband wie auch der Verbandsgremien untereinander kann ausnahmslos auf nahezu jedem digitalen Weg rund um die Uhr („24/7") erfolgen. Die nur beispielhaft obengenannten Social Media sind damit durchaus sehr wichtige „Touchpoints" des Verbandes – aber eben nicht die einzigen: der richtige Mix macht's. Darüber hinaus sind die VDV-Geschäftsstelle, die Mitgliederzentrale, das VDV-Finanzwesen und das VDVmagazin in ihren Prozessen intern wie extern durchgängig digital organisiert und erlauben den Verantwortlichen jederzeit einen hochaktuellen Einblick in alle Vorgänge. Sämtliche Belege wie auch der gesamte Schriftverkehr werden – soweit notwendig – eingescannt und digital vorgehalten; und selbstverständlich trägt das Verfahren auch den gesetzlichen Vorgaben, wie z.B. der Aufbewahrungspflicht von Belegen, Rechnung. Im Sinne einer besseren Verbandskultur dient dieses System zusätzlich dazu, interne Kenntnisse zu teilen und gleichzeitig mehr Kontrolle sowie Transparenz über die Informationen zu liefern. Größter Wert wird dabei selbstverständlich auf den Datenschutz gelegt. Wichtig in diesem Kontext ist natürlich eine umfassende digitale Kompetenz bei den verantwortlichen Akteuren.

Digitale Prozesse und das gelebte Selbstbild eines modernen VDV verlangen technische und organisatorische Entwicklungen genauso wie einen intensiven Blick auf die Mitglieder. Wir müssen heute mehr denn je deutlich stärker auf digitale Interaktion setzen. Die Frage, mit der wir uns täglich auseinandersetzen, ist einfach gestellt: Welche Veränderungen, welche Trends und Megatrends, prägen unsere Gegenwart und welche Rückschlüsse lassen sich daraus für die Zukunft des VDV im Speziellen und der Geodäsie im Allgemeinen schließen? Auch wenn unsere Einschätzungen und Interpretationen nie absolut perfekt sein werden, so sind diese Fragen im Sinne eines lebendigen Verbandes doch notwendig. Innovation ist meines Erachtens damit nicht nur etwas technologisches, sondern betrifft – in unserem Fall – immer auch die gesamte Bandbreite aller Prozesse in und um den VDV. Hierzu zähle ich beispielsweise auch die Möglichkeit für Verbandsmitglieder, sich unabhängig von Wohnort und Familiensituation aktiv am Verbandsleben zu beteiligen, bis hin zu mehr digitaler Partizipation, Vernetzung und Dialog. Mein Aufruf an dieser Stelle: Bringen Sie sich ein, nutzen Sie das Netzwerk und die Konnektivität des VDV!

Zusammenfassend kann ich feststellen, dass die Digitalisierung beim VDV längst Einzug gehalten hat und „State of the Art" ist. Der VDV hat die Chancen der digitalen Disruption positiv genutzt und wirkt in diesem Kontext wie ein digitaler Botschafter: Er durchdenkt und optimiert seine Prozesse immer wieder, bereitet sie auf, verkürzt sie, baut sie um und verknüpft sie dann mit den Menschen, d.h. seinen Mitgliedern, seinen Funktionären ebenso wie externen Kontakten. Und genau das ist es, was den VDV – bei aller Digitalisierung – auch immer wieder von anderen Organisationen unterscheidet: Offenheit, menschliche Wärme und Vertrautheit. Und das ist auch gut so!

Digitalisierung und Change Prozesse

April 2017: Digitale Transformation: ein Thema, das die Gesellschaft fordert und aufwühlt. Die zentralen Herausforderungen und Chancen der Digitalisierung sind zwar (weitgehend) aufgezeigt, gleichwohl fragt sich so mancher, was das nun alles für die alltägliche Praxis bedeutet. [64]

Von vielen Trendthemen der Zeit ragt aktuell keines so heraus, wie das Megathema „Digitale Transformation". Allseits anerkannt ist zwischenzeitlich, dass der digitale Wandel sich nicht nur auf technische Systeme erstreckt, sondern in besonderem Maße auch digitale Kompetenzen und neuartige Arbeitsweisen erfordert. Was aber bedeutet die Digitalisierung für Berufsverbände? Was ändert sich im Umgang mit den Zielgruppen der Verbände Und: wie können Verbände notwendige Change Prozesse umsetzen?

Zunächst einmal sind Verbände zumeist historisch gewachsen und verfügen durchweg über eingeschliffene und nicht immer leicht zu verändernde Verfahrenswege. Dieser Effekt kann sich verstärken, wenn demografisch gewachsene Strukturen neuen Anforderungen und Methoden skeptisch gegenüberstehen. Will ein Verband sich aber zukunftsgerichtet aufstellen, so ist eine Auseinandersetzung mit diesem Themenfeld unumgänglich. Digitalisierung bedeutet eben nicht nur in den Social Media präsent zu sein oder eine mobile Webseite zu entwickeln, sondern wesentlich mehr.

„Nur der sich die Gegenwart auch anders vorstellen kann als die existierende, verfügt über Zukunft", sagte einst Theodor W. Adorno und Recht hatte er! Für die Führungskräfte in den Verbänden bedeutet dies, dass sie nicht nur den Status quo verwalten, sondern vielmehr eine langfristige Zukunftsfähigkeit für den Berufsstand entwickeln und gewährleisten sollten. Und wer damit anfangen will, muss konsequenterweise eine Strategie und eine adäquate, anerkannte Zielvorgabe definieren. Dass in diesem Kontext einseitige, zum Teil auch plakative, Ansichten (intern wie extern) wenig zielführend sind, sondern stattdessen auf konsensuale, von allen Beteiligten getragene, Prozesse Wert gelegt werden sollte, ist immanent.

Um den Transformationsprozess in Gang zu setzen, sollte zunächst der Ist-Zustand, z.B. der institutionelle Rahmen, analysiert werden. Innovation ist nicht nur etwas technologisches, sondern betrifft immer auch die gesamte Bandbreite aller Prozesse in und um den Verband. Hierzu zählt beispielsweise auch die Möglichkeit, sich unabhängig von Wohnort, Familien- und Arbeitssituation aktiv am Verbandsleben zu beteiligen, also hin zu mehr digitaler Partizipation, Vernetzung und Dialog. Tatsächlich werden die Möglichkeiten der Digitalisierung unsere Verbände dramatisch verändern – unsere Strategien, Prozesse, Strukturen und auch unsere Verbandskulturen. Die digitale Transformation ist mithin für Verbände durchaus ein radikaler Strukturwandel – ein Wandel, der in einigen Themenfeldern vielleicht sogar gemeinsam, d.h. verbandsübergreifend, realisiert werden könnte. Die Herausforderungen sind groß, die sich bietenden Chancen aber ungleich größer. Beispielhaft sei die Bildung genannt: Hier wäre statt einer „starren Wertschöpfung" durchaus eine „vernetzte Wertschöpfung" denkbar, um so die Pluralität aller Verbände sinnstiftend für alle nutzbar zu machen. Aber auch auf fachlicher Ebene könnten Verbände ihre Kompetenzen im Sinne einer Digitalisierungsstrategie vernetzen. Beispielsweise wäre beim Thema BIM eine gemeinsame Strategie denkbar und vorteilhaft – auch unter konkreter Berücksichtigung berechtigter, konkurrierender Einzelinteressen der Verbände.

Ich denke, dass es hier durchaus Diskussionsbedarf gibt, bin mir aber gleichzeitig sicher, dass wir die richtigen Themen im Fokus haben. Der Zukunftsforscher Matthias Horx hat formuliert: „Wandel ist nicht sinnlose Beschleunigung, sondern ein zunehmendes Gestaltungsbewusstsein über die Welt."

Dem ist nichts hinzuzufügen.

Ingenieure 4.0

Juni 2017: Weniger Arbeitslose, mehr offene Stellen. Das ist die aktuelle Lage auf dem Arbeitsmarkt. Insbesondere im Bereich hochqualifizierter Tätigkeiten gibt es mehr Jobs. Das bedeutet: Chancen für die Ingenieure. [65]

In Deutschland arbeiten laut einer Studie des Instituts der deutschen Wirtschaft rund 1,6 Millionen Ingenieure. Konservativ gerechnet, sorgen sie über alle Branchen hinweg für eine Wertschöpfung von fast 180 Milliarden Euro im Jahr.

Deutschland ist auf dem Weg zur digitalen Republik: Laut jüngsten Studien sind nahezu 60 Millionen Menschen, und damit dreimal mehr als vor 15 Jahren, regelmäßig auf den Datenautobahnen im World Wide Web unterwegs. Von vielen Trendthemen der Zeit ragt aktuell denn auch keines so heraus, wie das Megathema „Digitalisierung". Allseits anerkannt ist zwischenzeitlich, dass der digitale Wandel sich nicht nur auf technische Systeme erstreckt, sondern in besonderem Maße auch digitale Kompetenzen und neuartige Denk- und Arbeitsweisen erfordert.

Um den Bogen einmal etwas weiter zu spannen: Ingenieure leisten nicht nur Enormes für die Gesellschaft, sie sind auch ein bedeutender Arbeitgeber. Sie erbringen Leistungen, die unerlässlich sind für das Wachstum unserer Wirtschaft, für die Entwicklung der Gesellschaft und für das Gemeinwohl insgesamt. Und bezogen auf unser Fachgebiet: Geodäsie ist ein Standortfaktor und sichert Arbeitsplätze! Dazu ein Beispiel: Wir haben heute ein neues Verständnis von Erhebung, Analyse, Auswertung von Daten. Natürlich wissen wir von der Macht der großen Daten, natürlich wissen wir vom stetig zunehmenden Einfluss der digitalen Technologien auf unsere Gesellschaft und natürlich wissen wir, dass Daten als einer der wichtigsten Rohstoffe des 21. Jahrhunderts gelten. „Digitales Gold" oder „neues Öl" – mit diesen Begriffen wird das wirtschaftliche Potential von Daten gegenwärtig verglichen. Und es gibt nicht nur die Unmengen an privatwirtschaftlich erzeugten Daten, es gibt auch massenhaft öffentliche Daten. Sollten also die Datenbestände im Besitz des Staates nicht ebenso wertvoll sein und zur Verfügung stehen, um einen volkswirtschaftlichen Mehrwert zu erzeugen?

Die vor kurzem im Auftrage der Konrad-Adenauer-Stiftung publizierte Open-Data-Studie des Institute for Public Information Management kommt zum Ergebnis, dass allein die offenen Verwaltungsdaten in Deutschland einen volkswirtschaftlichen Mehrwert von 43.1 Mrd. Eur. p.a. erzeugen und 20.000 Arbeitsplätze schaffen können. Die Studie liefert damit ein starkes Argument, die systematische Bereitstellung offener Daten zu forcieren. Und viel mehr: Open Data kann Treiber des gesellschaftlichen Wandels sein und das Verhältnis von Staat, Bürger und Wirtschaft entscheidend prägen. Der Umgang mit raumbezogenen Daten („Geodaten") gewinnt in diesem Kontext zunehmend an enormer Bedeutung, denn bekanntermaßen haben ca. 80 Prozent aller politischen und wirtschaftlichen Entscheidungsprozesse einen Bezug zum geographischen Raum.

Wenn heutzutage im Rahmen der Digitalisierung alle Prozesse und Reaktionen auf Echtzeit optimiert sind, ist der nächste folgende Schritt, dass es schneller als Echtzeit sein muss. Es geht damit um die Anwendbarkeit und Relevanz präziser Vorhersagen – und auch das selbstverständlich auf der Basis von Geodaten. Bereits heute arbeiten die Vordenker ihrer Branchen beim Data Mining mit so genannten Predictive Analytics. Aus immer größer werdenden Datenmengen erstellen sie mit den richtigen Werkzeugen und den richtigen Fragen präzise Vorhersagen über Kundenbedürfnisse, Produktanforderungen und Marktveränderungen. Unternehmen wollen komplexe wirtschaftliche Zusammenhänge vorhersagen können, um bessere Entscheidungen zu treffen und sich einen Wettbewerbsvorteil zu verschaffen. Es gibt bereits jetzt eine ganze Reihe von Unternehmen, die ihre Prozesse auf Basis dieser Prognosen steuern. In wenigen Jahren wird das bereits Normalität sein.

Aber ob sich die hohen Erwartungen an diese Variante der digitalen Transformation wirklich erfüllen, hängt davon ab, wie wir die positive Dynamik nutzen werden. Zum einen lassen sich Datensammlungen natürlich nutzen, um in der „4.0-Welt" Prozesse, Produkte, Energie- oder Verkehrsströme optimal zu steuern. Zum anderen wird es aber schwierig, sobald personenbezogene Daten ins Spiel kommen. Verbesserte Rahmenbedingungen sind dafür zwingend erforderlich, denn immer mehr durchdringt Big Data die Zivilgesellschaft.

Der technologische Wandel ist also mit eine der großen Herausforderungen für die Ingenieurinnen und Ingenieure. Daraus resultieren natürlich auch Forderungen der Ingenieurverbände, von denen ich hier nur zwei bespielhaft nenne:

Aus Sicht der Ingenieure muss das Thema „Digitale Bildung" in Deutschland wesentlich differenzierter in den Fokus genommen werden. Ein wichtiges Ziel hierbei muss unter anderem die Vermittlung von Kompetenzen sein, die für den Erfolg in Ausbildung und Beruf entscheidend sind, d. h. statt des Technologiehandlings muss vermehrt auch die Technologieverantwortung und -mitgestaltung in den Mittelpunkt gestellt werden. Aktuellen Studien zufolge werden in naher Zukunft rund 90% der Berufe diese digitalen Kompetenzen einfordern.

Leistungsstarke Infrastrukturen sind die Lebensadern unserer Gesellschaft. Der Ausbau der technischen Infrastruktur muss nach Ansicht der Ingenieure daher wesentlich stärker forciert werden. Für eine prosperierende Wirtschaft ist die flächendeckende Glasfaserversorgung essentiell. Derzeit liegt Deutschland im OECD-Vergleich bei der Versorgung mit Glasfaseranschlüssen lediglich auf Platz 28 von 32.

Ich könnte weitere drängende Themen nennen, beispielsweise nachhaltige Ökonomie, Klimaschutz oder auch den demografischen Wandel. All dies sind hochkomplexe öffentliche Fragen. Und obwohl diese uns direkt betreffen, wird der Beitrag unseres Berufsstandes zu ihrer Beantwortung nicht immer sichtbar.

Die Realisierung der Digitalen Transformation ist eine disruptive Zukunftsaufgabe, die größte Herausforderungen an uns alle stellt und Deutschlands wirtschaftliche Position auf dem Weltmarkt nachhaltig beeinflussen wird. Und wer die aktuellen Arbeitsmarktdaten verfolgt, der weiß: allen Meldungen ist seit geraumer Zeit eines gemeinsam: Ingenieure braucht das Land!

Wenn wir Ingenieure unsere Potenziale noch besser vermitteln wollen, wenn wir unseren Berufsstand politisch und gesellschaftlich mehr in den Vordergrund rücken wollen, dann müssen wir auch übergreifende Themenfelder besetzen und uns damit auseinandersetzen und gemeinsam mit Inhalten füllen!

Willkommen in der Zukunft 4.0!?

September 2017: Dass die Digitalisierung uns verändern wird, ist zwischenzeitlich keine Frage mehr. Kurz vor der Bundestagswahl stehen offensichtlich überwiegend andere Themen im Fokus der öffentlichen Debatte, gleichwohl werden hier und da die Chancen, Risiken und ethische Herausforderungen der neuen Technologien hinterfragt. [66]

Die Digitalisierung stellt uns, unsere Gesellschaft und die Arbeitswelt vor große Herausforderungen. Damit verbunden ist ein Transformationsprozess, der nicht rein wirtschaftlich-technologischer, sondern gesamtgesellschaftlicher Natur ist. Egal, ob es um die tägliche Kommunikation, die Gesundheitsversorgung oder den Bildungsbereich geht:

Die Digitalisierung verändert Schritt für Schritt unser gesamtes privates und berufliches Umfeld. Sie eröffnet viele neue Chancen, birgt aber durchaus auch Risiken und weckt Ängste, die wir ernst nehmen müssen.

Bei der Digitalisierung geht es im Wesentlichen um die digitale Vernetzung von Informationen. Die spannende Herausforderung liegt hingegen in der Frage, wie die digitale Transformation systematisch in die Gesellschaft implementiert werden kann. Die neuen digitalen Technologien bieten völlig andere Dimensionen der Informationsverfügbarkeit und radikal neue Möglichkeiten der Vernetzung – nicht umsonst wird in diesem Kontext von einer disruptiven Innovation gesprochen. Cloud Computing, Big Data, Sharing Economy, dezentrale und individualisierte Fertigungstechniken, wie auch autonome Systeme stehen als Schlagwörter dafür. Die Antwort auf diese Komplexität kann nur vernetztes Arbeiten lauten, d.h. die kooperative und kollektive Zusammenarbeit im Team („Kollaboration") muss zwingend eine Kernkompetenz werden. Auch unser Berufsfeld befindet sich durch die Digitalisierung im Umbruch. Fachlich gesehen wird dies im Bereich der Geodäsie beispielsweise über die Themenfelder BIM, Smart City oder auch Smart Country realisiert. Gemeinsame Arbeitskreise der Berufs- und Fachorganisationen entwickeln bereits Leitlinien und Regelwerke und es gibt zahllose Weiterbildungsveranstaltungen wie auch eine wachsende Anzahl an Fachliteratur dazu. Im Grunde genommen geht es – beispielsweise in den Bereichen Infrastruktur und Vernetzung – „nur" darum, alles datentechnisch zu verbinden und in der Wertschöpfungskette Bau darum, Kosten zu senken und auf diese Weise Produktionsgewinne zu realisieren.

Soweit so gut und ingenieurtechnisch oder wirtschaftlich gesehen sicherlich ein lösbares Unterfangen. Wenn da nicht noch ein paar weitere Problemfelder wären, die weniger die technische Seite, sondern vielmehr die Wechselwirkung auf die Sozialgesellschaft in den Vordergrund rückt. Hier geht es z.B. um Unternehmenskultur und Kompetenzen, es geht um Einstellungen und Verhaltensweisen, es geht um das, was Arbeit prägt. Ein zentrales Element ist hier z.B. die Bereitschaft zu lernen und eigene Kompetenzen weiterzuentwickeln. Dies gilt für einzelne Menschen ebenso wie für Unternehmen und Organisationen. Der Ökonom und Managementdenker Peter Drucker hat bereits vor rund 60 Jahren in seinem Standardwerk „Landmarks of Tomorrow" den Aufstieg der Wissensgesellschaft beschrieben und damit, seiner Zeit weit voraus, eine noch heute gültige fundamentale Herausforderung für den Umgang mit der digitalen Transformation formuliert: die Neugestaltung der Arbeitsumfelder durch Förderung von Maßnahmen zur Generierung neuen Wissens. Drucker sah bereits 1959 „die Gefahr, dass die (…) Gesellschaft zu einer Klassengesellschaft wird, wenn die Dienstleistungsarbeiter nicht zu Einkommen und Ansehen gelangen." Und weiter: „Jeder kann sich die 'Produktionsmittel', also das für eine Aufgabe erforderliche Wissen aneignen, aber nicht jeder kann gewinnen." [67]

Welche digitalen Kompetenzen müssen Menschen in der Arbeitswelt haben oder erwerben, als Arbeitnehmer wie auch als Arbeitgeber? Wie können Schulen, Hochschulen und Universitäten den Lernenden diese nötige digitale Kompetenz vermitteln? Und wie verhindern wir, dass die Digitalisierung digitale Gewinner und Verlierer hervorbringt? Allein diese Fragen zeigen: Der digitale Wandel bringt Herausforderungen mit sich, die uns alle betreffen und die wir gemeinsam beantworten müssen, um die Digitalisierung für die Menschen, für Wirtschaft und Arbeit gleichermaßen fair zu gestalten. Fest steht, dass Digitale Kompetenzen heutzutage unerlässlich sind für mehr digitale Teilhabe und damit auch für gesellschaftliche Teilhabe. In einem Dialogprozess für ein grundlegendes Weißbuch zum Thema „Arbeiten 4.0“, den das Bundesministerium für Arbeit und Soziales im April 2015 begonnen hat, werden diese zentralen Spannungsfelder der Arbeitswelt 4.0 sehr detailliert betrachtet und in einem breiten gesellschaftlichen Dialog diskutiert.

Und das Rad dreht sich immer schneller: aktuell macht die Blockchain-Technologie sogar die Geschäftsmodelle der Disruptoren selbst obsolet, d.h. einheitliche, durch kryptographische Verfahren nachträglich nicht veränderbare dezentral gespeicherte Datenbasen ermöglichen direkt verifizierbare Aktionen und sind wesentlich schneller als bislang genutzte (auch hochaktuelle) Verfahren und Methoden. Bezogen auf unser Fachgebiet kann das bedeuten, dass Informationen beliebiger Art wie z.B. Kaufverträge oder auch Grundbucheinträge, die durch die Blockchain-Technologie verifiziert werden, dann keine sie verwaltende oder beglaubigende Instanz (z.B. den Staat) mehr benötigen, da die Verifizierbarkeit und Nichtveränderlichkeit bereits in der Technologie verankert und damit systemimmanent sind.

Was also verändert sich durch die Digitalisierung für uns? Welche Kompetenzen werden heute von Ingenieurinnen und Ingenieuren erwartet? Sind wir als Führungskräfte überhaupt auf ein Führen in der digitalen Welt vorbereitet? Wichtig ist die grundlegende Erkenntnis, dass die Digitalisierung kein isolierter Prozess ist. Sie funktioniert nicht ohne Treiber, die die komplexen Digitalisierungsprozesse sehen, verstehen und voranbringen. Auf der INTERGEO® in Berlin werden wir die Gelegenheit haben, uns mit diesen unser Berufsfeld betreffenden Themenfeldern sehr intensiv auseinanderzusetzen und darüber zu disputieren. Wir Geodäten sind doch geradezu prädestiniert, neue Entwicklungen strategisch voraus zu denken, dabei jedoch flexibel und anpassungsfähig für neue Entwicklungen zu bleiben. Lassen Sie uns doch diesen Vorteil aktiv nutzen und lassen Sie uns gemeinsam nach Antworten suchen!

Die Digitalisierung bietet vielfältige Innovationschancen. Dies gilt für Wirtschaft und Politik, Verwaltung und Wirtschaft ebenso wie für die Gesellschaft als Ganzes. Und: Für die digitale Transformation gibt es offensichtlich keine Standardlösung. Gefragt sind Offenheit, die Bereitschaft zu lernen und Experimentierfreude. Wer Digitalisierung auf Technologien reduziert, liegt falsch. Nur wenige denken im Kontext von Digitalisie-

rung an einen Kulturwandel. Dabei ist gerade dies die zwingende Voraussetzung für eine echte digitale Transformation: Einen Kulturwandel herbeizuführen, der sowohl das Management als auch die Mitarbeiter mitnimmt. Entscheidend ist ein Ansatz, der das Verfahren ganzheitlich betrachtet. Dazu zählen die Anpassung der Unternehmenskultur und die Entwicklung neuer Geschäftsmodelle, aber auch und gerade die Anpassung der Prozesse und damit der Organisation. Man muss kein Digital Native sein, um die Chancen der Digitalisierung erfolgreich zu nutzen. Viel wichtiger ist es meines Erachtens, die Herausforderung zu erkennen, sie anzunehmen, dem Umfeld eine Vision zu geben, den Wandel aktiv zu gestalten, zu evaluieren und in einem offenen, transparenten Dialog gegebenenfalls nachzujustieren.
In diesem Sinne freue ich mich auf anregende Diskussionen und ein Wiedersehen auf der INTERGEO® in Berlin.

Literaturverzeichnis

[1] W. Grunau, „Grußwort des neuen Bundesvorsitzenden," *Der Vermessungsingenieur,* Nr. 4-1993, pp. 189-190, 1993.

[2] W. Grunau, „Neue Anforderungen an das Bildungswerk," *Der Vermessungsingenieur,* Bd. 1, p. 42, 1994.

[3] W. Grunau, „Grußwort 1994," *Der Vermessungsingenieur,* Nr. 1-1994, p. 1, 1994.

[4] W. Grunau, „Grußwort 1995," *Der Vermesssungsingenieur,* Nr. 1-1995, p. 1, 1995.

[5] W. Grunau, „Grußwort 1996," *Der Vermessungsingenieur,* Nr. 1-1996, p. 1, 1996.

[6] W. Grunau, „Grußwort 1997," *Der Vermessungsingenieur,* Nr. 1-1997, 1997.

[7] W. Grunau, „Grußwort 1998," *Der Vermessungsingenieur,* Nr. 1-1998, p. 1, 1998.

[8] W. Grunau, „Grußwort 1999," *Der Vermessungsingenieur,* Nr. 1-1999, p. 1, 1999.

[9] W. Grunau, „Zukunft gestalten. An der Schwelle zum 21. Jahrhundert," *ZBI-Nachrichten,* Nr. 1-2000, p. 1, 2000.

[10] W. Grunau, „Grußwort 2001," *Der Vermessungsingenieur,* Nr. 1-2001, p. 1, 2001.

[11] W. Grunau, „Grußwort 2002," *Der Vermessungsingenieur,* Nr. 1-2002, p. 1, 2002.

[12] W. Grunau, „Grußwort 2003," *Der Vermessungsingenieur,* Nr. 1-2003, p. 3, 2003.

[13] W. Grunau, „Grußwort 2004," *Der Vermessungsingenieur,* Nr. 1-2004, p. 3, 2004.

[14] W. Grunau, „Grußwort 2005," *Der Vermessungsingenieur,* Nr. 1-2005, p. 3, 2005.

[15] W. Grunau, „Gemeinsam für Deutschland," *ZBI-Nachrichten,* Nr. 5/6-2005, pp. 3-4, 2005.

[16] W. Grunau, „Grußwort 2006," *VDVmagazin,* Nr. 1-2006, p. 5, 2006.

[17] W. Grunau, „Grußwort 2007," *VDVmagazin,* Nr. 1-2007, p. 5, 2007.

[18] W. Grunau, „Ingenieure braucht das Land!," *ZBI-Nachrichten,* Nr. 2/3-2007, pp. 3-4, 2007.

[19] The Boston Consulting Group, „Perspektiven zum Wirtschaftsstandort Deutschland. Ergebnisse des IV. AmCham Business Barometer," 2007. [Online]. Available: https://www.amcham.de/fileadmin/user_upl oad/Presse/AmChamIV_BusinessBarometer.

pdf. [Zugriff am 27 Mai 2007].

[20] Süddeutsche Zeitung, „Mangel im Überfluss,"
Süddeutsche Zeitung, Bd. 155, p. V2, 8 Juli
2006.

[21] Bundesagentur für Arbeit, „Arbeitsmarkt in
Zahlen. Gemeldete Stellen," April 2007.
[Online]. Available:
http://www.pub.arbeitsamt.de/hst/services/
statistik/200703/iiia4/gem-stellend.pdf.
[Zugriff am 27 Mai 2007].

[22] Financial Times Deutschland, „Fachkräftemangel
- offene Stellen bleiben länger unbesetzt,"
Financial Times Deutschland, Bd. 56, 20 März
2007.

[23] P. Romer, „Endogenous Technical Change,"
Journal of Political Economy, Bd. 98, Nr. 5,
pp. 71-102, 1990.

[24] MICUS Management Consulting GmbH, „Der
Markt für Geoinformationen: Potenziale für
Beschäftigung, Innovation und
Wertschöpfung," 2003.

[25] EU, „Directive 2007/2/EC of the European
Parliament and of the Council of 14 March
2007 establishing an Infrastructure for
Spatial Information in the European
Community (INSPIRE)," [Online]. Available:
http://eur-
lex.europa.eu/JOHtml.do?uri=OJ:L:2007:108:
SOM:EN:HTML. [Zugriff am 27 Mai 2007].

[26] W. Grunau, „Grußwort 2008," *VDVmagazin,* Nr.

1-2008, p. 5, 2008.

[27] W. Grunau, „Ingenieure für eine zukunftsfähige Gesellschaft," *ZBI-Nachrichten,* Nr. 5/6-2008, pp. 3-4, 2008.

[28] O. Höffe, Lexikon der Ethik, O. Höffe, Hrsg., München: Beck, 1986.

[29] W. Grunau, „Grußwort 2009," *VDVmagazin,* Nr. 1-2009, p. 5, 2009.

[30] W. Grunau, „Grußwort 2010," *VDVmagaziin,* Nr. 1-2010, p. 3, 2010.

[31] W. Grunau, „Grußwort 2011," *VDVmagazin,* Nr. 1-2011, p. 3, 2011.

[32] W. Grunau, „Grußwort 2012," *VDVmagazin,* Nr. 1-2012, p. 3, 2012.

[33] W. Grunau, „Geodäsie ist wichtig!," *AVN,* Bde. %1 von %27-2012, p. 241, 2012.

[34] W. Grunau, „Grußwort 2013," *VDVmagazin,* Nr. 1-2013, p. 3, 2013.

[35] W. Grunau, „Chancen nutzen, Vertrauen schaffen," *ZBI-Nachrichten,* Nr. 1-2014, pp. 3-4, 2014.

[36] W. Grunau, „Grußwort 2015," *VDVmagazin,* Nr. 1-2015, p. 1, 2015.

[37] W. Grunau, „Grußwort zur Bundesmitgliederversammlung 2015," *VDVmagazin,* Nr. 3-2015, p. 189, 2015.

[38] W. Grunau, „Das Goldene Lot 2015," *VDVmagazin,* Nr. 4-2015, p. 271, 2015.

[39] D. Klemp, Die Velberter und ihr Wasser, Velbert,

2015, p. 12.

[40] W. Grunau, „VDV = Open Innovation!,"
      VDVmagazin, Nr. 5-2015, p. 359, 2015.

[41] W. Grunau, „„4.0" – Modebegriff, Hype oder DIE
      Zukunft?," *VDVmagazin,* Nr. 1-2016, pp. 1-3,
      2016.

[42] Gesellschaft für Geodäsie, Geoinformation und
      Landmanagement (DVW), *Presseinformation
      zur INTERGEO,* Stuttgart, 2015.

[43] Zentrum für Europäische Wirtschaftsforschung
      (ZEW), [Online]. Available:
      http://www.zew.de/de/aktuell/3030/zew-
      wirtschaftsforum-2015-offenbart-baustellen-
      der-digitalisierung. [Zugriff am 26 November
      2015].

[44] Roland Berger Consultants / BDI, „Die digitale
      Transformation der Industrie," München,
      Berlin, 2015.

[45] A. Dobrindt, *Grußwort zum Digital
      Transformation Award,* 2015.

[46] D. Bornemann, „Industrie 4.0," *Impulse
      Wirtschaft und Politik,* 1994.

[47] Zentrum für Europäische Wirtschaftsforschung
      (ZEW), „Die Vernetzung der Welt," [Online].
      Available:
      http://www.zew.de/de/aktuell/2847/wirtsch
      aftspolitik-aus-erster-hand-am-zew--
      telekom-vorstandsvorsitzender-timotheus-
      hoettges-sieht-wachstumschancen-fuer-
      industrie-40-in-europa7. [Zugriff am 26

November 2015].

[48] G. Scholz, *Automobilwoche Online* , 12 04 2015.

[49] Crisp Reseach, „Digital Leader – Leadership im digitalen Zeitalter," 2015.

[50] K. Thöne, „Ausblick: Arbeitsplatz Erde - Dachmarke Geodäsie," in *Das deutsche Vermessungs- und Geoinformationswesen 2015*, Wichmann Verlag, 2015, pp. 1161-1175.

[51] N. Schön, „Digitale Transformation. Was Wirtschaft und Arbeit treibt," *ZBI-Nachrichten,* Nr. 4-2015, pp. 3-5, 2015.

[52] Bitkom e.V., „Presseinformation," 2015. [Online]. Available: www.bitkom.org/Presse/Presseinformation/IT-Gipfel-gibt-Digitalisierung-starke-Impulse.html. [Zugriff am 26 November 2015].

[53] *Deutschlands Zukunft gestalten. Koalitionsvertrag zwischen CDU, CSU und SPD. 18. Legislaturperiode,* Berlin, 2013.

[54] Bitkom e.V., „Perspektive der Arbeit.," 2015. [Online]. Available: www.bitkom.org/Themen/Branchen/Industrie-40/Perspektive-der-Arbeit.html.. [Zugriff am 26 November 2015].

[55] A. Veuve, „Warum wir den Begriff Digitale Transformation ersetzen müssen.," [Online]. Available: www.alainveuve.ch/warum-wir-den-begriff-digitale-transformation-ersetzen-

muessen. [Zugriff am 26 November 2015].

[56] A. Borrmann, Building Information Modeling, Springer Verlag, 2015.

[57] Mohn, Hrsg., Werte. Was die Gesellschaft zusammenhält, Verlag BertelsmannStiftung, 2007.

[58] „Deutschlands Zukunft als Produktionsstandort sichern. Umsetzungsempfehlungen für das Zukunftsprojekt Industrie 4.0," 2013. [Online]. Available: https://www.bmbf.de/files/Umsetzungsempf ehlungen_Industrie4_0.pdf. [Zugriff am 17 August 2017].

[59] H.-J. Binieck, „Humanisierung des Arbeitslebens – ein sozial- und forschungspolitisches Lehrstück.," *Zeitschrift für Arbeitswissenschaft,* Bd. 63(2), 2009.

[60] R. Werner, „ Digitale Transformation. Das einzig Konstante ist der Wandel," 2015. [Online]. Available: www.haufe.de/marketing-vertrieb/online-marketing/digitalisierung-alle-macht-den-kunden/digitale-transformation-das-einzig-konstante-ist-der-wandel_132_306666.html. [Zugriff am 26 November 2015].

[61] BMAS, „Grünbuch „Arbeiten 4.0"," Berlin, 2015.

[62] W. Grunau, „Geodäten, Grenzen und die Gesellschaft," *VDVmagazin,* Nr. 4-2016, pp. 267-268, 2016.

[63] W. Grunau, „Der VDV im digitalen Wandel,"

VDVmagazin, Nr. 1-2017, pp. 1-2, 2017.

[64] W. Grunau, „Digitalisierung und Change Prozesse,“ *gis.Business,* Nr. 1-2017, p. 48, 2017.

[65] W. Grunau, „Ingenieure 4.0,“ *ZBI-Nachrichten,* Nr. 2/3-2017, pp. 7-8, 2017.

[66] W. Grunau, „Willkommen in der Zukunft 4.0!?,“ *VDVmagazin,* Nr. 5-2017, pp. 361-362, 2017.

[67] P. A. Drucker, Landmarks of Tomorrow. On economic and social progress in the twentieth-century, Verlag Harper and Brothers, 1959.